大家小书

历史人物

郭沫若 著

北京出版集团
文津出版社

图书在版编目（CIP）数据

历史人物 / 郭沫若著. — 北京：文津出版社，
2021.6
（大家小书）
ISBN 978-7-80554-731-2

Ⅰ. ①历… Ⅱ. ①郭… Ⅲ. ①历史人物—人物研究—中国 Ⅳ. ① K820

中国版本图书馆 CIP 数据核字（2020）第 242715 号

总 策 划：安 东 高立志　　责任编辑：司徒剑萍 李更鑫
责任印制：陈冬梅　　　　　　装帧设计：金 山

·大家小书·

历史人物
LISHI RENWU

郭沫若 著

出　　版	北京出版集团 文津出版社
地　　址	北京北三环中路 6 号
邮　　编	100120
网　　址	www.bph.com.cn
总 发 行	北京出版集团
印　　刷	北京华联印刷有限公司
经　　销	新华书店
开　　本	880 毫米 ×1230 毫米　1/32
印　　张	9.125
字　　数	158 千字
版　　次	2021 年 6 月第 1 版
印　　次	2021 年 6 月第 1 次印刷
书　　号	ISBN 978-7-80554-731-2
定　　价	48.00 元

如有印装质量问题，由本社负责调换
质量监督电话　010-58572393

总　序

袁行霈

"大家小书",是一个很俏皮的名称。此所谓"大家",包括两方面的含义:一、书的作者是大家;二、书是写给大家看的,是大家的读物。所谓"小书"者,只是就其篇幅而言,篇幅显得小一些罢了。若论学术性则不但不轻,有些倒是相当重。其实,篇幅大小也是相对的,一部书十万字,在今天的印刷条件下,似乎算小书,若在老子、孔子的时代,又何尝就小呢?

编辑这套丛书,有一个用意就是节省读者的时间,让读者在较短的时间内获得较多的知识。在信息爆炸的时代,人们要学的东西太多了。补习,遂成为经常的需要。如果不善于补习,东抓一把,西抓一把,今天补这,明天补那,效果未必很好。如果把读书当成吃补药,还会失去读书时应有的那份从容和快乐。这套丛书每本的篇幅都小,读者即使细细地阅读慢慢地体味，也花不了多少时间，可以充分享受读书的乐趣。如果把它们当成补药来吃也行，剂量小，吃起来方便，消化起来也容易。

我们还有一个用意，就是想做一点文化积累的工作。把那些经过时间考验的、读者认同的著作，搜集到一起印刷出版，使之不至于泯没。有些书曾经畅销一时，但现在已经不容易得到；有些书当时或许没有引起很多人注意，但时间证明它们价值不菲。这两类书都需要挖掘出来，让它们重现光芒。科技类的图书偏重实用，一过时就不会有太多读者了，除了研究科技史的人还要用到之外。人文科学则不然，有许多书是常读常新的。然而，这套丛书也不都是旧书的重版，我们也想请一些著名的学者新写一些学术性和普及性兼备的小书，以满足读者日益增长的需求。

"大家小书"的开本不大，读者可以揣进衣兜里，随时随地掏出来读上几页。在路边等人的时候，在排队买戏票的时候，在车上、在公园里，都可以读。这样的读者多了，会为社会增添一些文化的色彩和学习的气氛，岂不是一件好事吗？

"大家小书"出版在即，出版社同志命我撰序说明原委。既然这套丛书标示书之小，序言当然也应以短小为宜。该说的都说了，就此搁笔吧。

以"人民本位"为标准评价历史人物

张　越

1930年，郭沫若撰写出版的《中国古代社会研究》，标志着中国马克思主义史学的形成与确立，也标志着他"跨界"进入了历史研究领域。

抗日战争时期，郭沫若在重庆积极从事宣传抗日救亡和反对国民党专制的文化运动，并致力于文学创作和学术研究。在文学创作方面，从1942到1945年，他接连推出了5部历史剧——《屈原》《虎符》《高渐离》《孔雀胆》《南冠草》，并且复排上演了写于1925年的历史剧《棠棣之花》。这些历史剧的题材背景主要是在先秦时期，与他正在进行的先秦社会历史与先秦诸子研究有着相互联系，他将这一时期写出的先秦诸子思想和社会历史研究的论文结集为《十批判书》和《青铜时代》出版；而历史剧当以刻画历史人物为核心，这些历史剧在当时产生了强烈的社会影响力,成为他评价历史人物研究的重要推动力。郭沫若说:"我是很喜欢把历史人物作为题材而从事创作的,或者写成剧本,或者写成小说。在几篇短篇小说中,我处理过孔丘、孟轲、老聃、庄周、秦始皇、楚霸王、贾谊、司马迁。在几部历史剧中,我处理过聂政与聂婪、屈原、信陵君与如姬、高渐离等。但有的创作流产了,而只剩下了些研究文字。在本书里面所收集的,如像《万宝常》《甲申三百年祭》都是。"这本书就是包含郭沫若的数篇有关历史人物研究的集子——《历史人物》。

《历史人物》由上海海燕书店初版于1947年8月,收入《论曹植》、《隋代大音乐家万宝常》、《王安石》、《王阳明》(附录4篇)、《甲申三百年祭》(附录1篇)、《夏完淳》、《鲁迅与王国维》、《论郁达夫》、《论闻一多做学问的态度》等9篇(含5篇附录)研究、评价历史人物的文章。这9篇文章中,有7篇写成于1943—1947年间(《王阳明》作于1921年、《隋代大音乐家万宝常》作于1935年),大致反映了郭沫若在20世纪40年代历史人物的研究心得。

《历史人物》在20世纪50、60年代数次修订重印,入选篇目都有变动。本书以1947年初版为依据,增补一篇《再谈郁达夫》,读者可以得见本书问世之时的研究样态,亦可以据此体察阅读郭沫若出版该书时的历史人物研究情境。

《历史人物》一书,最突出的特点正如郭沫若在"序"中所言:"关于秦以后的一些历史人物,我倒做过一些零星的研究。主要是凭自己的好恶……我的好恶的标准是什么呢?一句话归宗:人民本位!"评价历史人物的标准,在不同时代、因评价者的不同立场观点而有很大差别,历史人物在后人不同的评价标准中往往呈现出完全不同的历史形象。"人民本位"是郭沫若所持有的,也是其他中国马克思主义史学家所认同的历史人物评价标准,诸多历史人物因"人民本位"的评价标准而在中国马克思主义史学语境中显现出与旧史学和当时其他史学流派相异的历史地位和历史面貌。郭沫若笔下的《历史人物》即集中体现了"人民本位"历史评价标准下的数位历史人物形象。

譬如,郭沫若痛感隋代大音乐家万宝常因"一生陷于奴隶的境遇不能解脱而终至于饿死"的境遇,"感受着了一种迫切的冲动,觉得非把这位不幸的古人介绍出来不可",于是作《隋代大音乐家万宝常》一文;"中国历史上一个伟大的政治家"王安石具有"农夫女工,无所不问"的态度,"是尤其难能可贵的,决不是一般的读书人所能做到",因此郭沫若在《王安石》中提出"中国产生了王安石,真是一个光荣";在著名的《甲申三百年祭》和《关于李岩》中,郭沫若为李自成及其农民起义军正名,称李自成是"农民革命的领导者",

李自成领导的农民军是"规模宏大而经历长久的农民革命",并对"以仕宦子弟的举人而参加并组织了革命的李岩"给予高度评价,"他一定是一位怀抱着人民思想的人"。

对于当代史人物,郭沫若也用"人民本位"的标准进行评述。他认为鲁迅"从旧写实主义突进到新现实主义的阶段,解脱了一切旧时代的桎梏,而认定了为人民大众服务的神圣任务",王国维则"停顿在旧写实主义的阶段上,受着重重的束缚不能自拔","对于王国维先生的死我们至今感觉着惋惜,而对于鲁迅先生的死我们却始终感觉着庄严";郁达夫"清新的笔调,在中国的枯槁的社会里面好像吹来了一股春风,立刻吹醒了当时的无数青年的心";闻一多从"玄学思想蜕变出来,确切地获得了人民意识。这人民意识的获得也就保证了新月诗人的闻一多成为了人民诗人的闻一多"。

从《历史人物》一书中对历史人物的研究可以看到,郭沫若注重从历史人物所处的时代背景出发,以历史人物在当时所起到的历史作用为重点考察因素。所谓"人民本位",就是重视历史人物的善恶,看其言行是否有益于人民。只有这样,才能更大程度地还历史人物以本来面目,达到正确评判其功过是非的研究目的,也能够改变或纠正一些历史人物因长期沿袭下来观念而被脸谱化、片面化、绝对化的不实认知。这成为郭沫若的历史人物研究的显著特点,在《历史人物》一书中得到具体展现。正因如此,郭沫若的历史人物研究在近代中国史学史和中国马克思主义史学史中产生了十分重要的影响,而像《甲申三百年祭》这样的名篇,在中国近代历史和中共党史中产生了一般历史研究或历史人物研究所难以企及的现实作用,这甚至都出乎郭沫若本人的意料。

历史研究本就很难做到绝对的客观,而历史人物研究则更容易掺入研究者的主观意图。就郭沫若的历史人物研究而言,同样也存在着一些值得讨论的问题。"人民本位"的评价标准固然有其合理内涵,但是"人民本位"这个概念因缺乏深入论证而在使用时显得有些模糊。郭沫若对于一些历史人物的"翻案"是否出现过"矫枉过正"的情况?他在历史剧创作氛围中注入的对其中历史人物的情感,可能也会妨碍对学术研究中历史人物历史作用的冷静判断,"凭自己的好恶"或许会影响到对历史人物之历史地位的客观评价。

当前,郭沫若本人也已经成为了"历史人物",而社会出现了许多对郭沫若的不实指责和不客观评价。这些现象,值得读者明察、深思。

2021年3月27日

目 录

001 / 序

007 / 论曹植

041 / 隋代大音乐家万宝常

083 / 王安石

094 / 王阳明

112 / 甲申三百年祭

148 / 关于李岩

151 / 夏完淳

204 / 鲁迅与王国维

220 / 论郁达夫

232 / 附 再谈郁达夫

247 / 论闻一多做学问的态度

263 / 《历史人物》版本一览

序

我是有点历史癖的人,但关于历史的研究,秦以前的一段我比较用过一些苦功,秦以后的我就不敢夸口了。中国的历史实在太长,史料也实在太浩瀚,以一个人的有限的生命,要想把全部都要弄精通,恐怕是不可能的事吧。

不过关于秦以后的一些历史人物,我倒做过一些零星的研究。主要是凭自己的好恶,更简单地说,主要是凭自己的好。因为出于恶,而加以研究的人物,在我的工作里面究竟比较少。我的好恶的标准是什么呢?一句话归宗:人民本位!

我就在这人民本位的标准下边从事研究,也从事创作。但在事实上有好些研究是作为创作的准备而出发的。我是很喜欢把历史人物作为题材而从事创作的,或者写成剧本,或者写成小说。在几篇短篇小说中,我处理过孔丘、孟轲、老聃、庄周、秦始皇、楚霸王、贾谊、司马迁。在几部历史剧中,我处理过聂政与聂嫈、屈原、信陵君与如姬、高渐离等。但有的创作流产了，而只剩下了些研究文字。在本书里面所收集的，如像《万宝常》《甲申三百年祭》都是。我还有一篇《钓鱼城访古》，也是想把钓鱼城的故事写成史剧的调查工作。史剧没有写成，那篇调查记，论性质尽可以收在这儿，但已经被收进《今昔蒲剑》里面去了。

我对于王安石是怀抱着一种崇敬的念头的，实际上他是一位伟大的政治家，在中国历史上很难得找到可以和他比配的人。他有政见，有魄力，而最难得的是他是比较以人民为本位的人。他在历史上出现得太早了，孤立无辅，形成了一个屈原以来的历史上的大悲剧。这悲剧不限于他晚年的失意，而是在他的新政废止之后，宋室卒于遭到异民族的颠覆，中国的农民老是不得翻身，又苦了一千年。

我很有意思把王安石、司马光、苏轼三个人拿来写成一部《三人行》，以王安石代表人民意识，司马光代表地主阶层，苏轼作为游移于两端的无定见的浪漫文人。这些倒也并不是我一个人的主观见解，他们三个人在当时实在是代表着这样的三方面。以司马光为代表，漫衍而为南北两宋及其后的道学家，他们在表面上虽然打着儒家的招牌，吃的是孔、孟的残饭，实际上他们是把儒家形式上最坏的一些成分，和道家的精神结合了。那些顶戴着司马光的所谓大儒，周、程、朱、张辈，认真说只是一些道士。在秦、汉以后要找一位纯正的儒家代表，恐怕就只有一位王安石吧。

王安石被埋没了一千年，近代人渐渐知道他的价值了。然而他在思想史上所占的地位，就在我们新兴历史家的头脑里似乎都还抵不过司马君实和周、程、朱、张。一种传统观念一被形成，要打破实在是一件不容易的事。

《三人行》没有写成，王安石的研究，在本书所收的实在只是一点轮廓。关于他，我在重庆时曾经做过几次讲演，自己觉得讲得也还不错，然而纪录得实在太简单了。那差不多只是王安石的糟粕的糟粕。不过要了解王安石的精神也不在乎要有更详细的文字，只消举出他的两句话已就足供我们受用。

其一，"某自诸子百家之书，至于《难经》、《素问》、《本草》、诸小说，无所不读，农夫女工，无所不问。"顶重要的就是这"农夫女工，无所不问"，这不是我们现在所说的"向老百姓学习"吗？

其二，是他的政策的基本用意是"榷制兼并，均济贫乏"。这不就是我们今天所说的打倒土豪劣绅，使耕者有其田吗？

关于王阳明的一篇已经是二十六年前的东西了，收在这儿实在有点不伦不类，或许还会使少数的朋友感到惶惑。那本是为当时泰东图书局版的《王阳明全集》所作的一篇序，其后曾经收进《文艺论集》的初版，在改版时，我自己又把它删掉了。但我今天依然把它收集在这儿，一以表示我自己的思想发展过程，又一想在这儿替王阳明说几句公平的话。

我自己在思想上也是经历过好几度的变迁来的。我信奉过泛神论，甚至实际从事过静坐，因而王阳明在我的心目中有一个时期是最崇拜的一个人。今天拿思想的方法来说，他无疑是一位唯心论者，但我也不想学当今的贤者那样，凡是有唯心论的色彩的，便一律斥之为反革命。其实评价一个人的思想应该在整个的思想史中寻求它的真实的时代意义。唯心论有时候并不比唯物论更反乎进化，或违背真理。在这样的变革时期，我们本着矫枉不妨过正的观点，无宁是应该赞扬唯心论的革命性的。王阳明在思想史上的地位无疑是以一个革命者的姿态出现的。一反程朱之徒的琐碎，想脱去一切学枷智锁，而恢复精神的独立自主性，这无宁是值得我们赞美的。我们不要在他所说的"致良知"的一些暧昧的形而上的言语上去拘泥，我们请在他的注重实践，提倡"知行合一""事上磨练"上去做工夫吧。说明了这些，我敢于坦白地承认，我在今天依然是敬仰着王阳明的。

《甲申三百年祭》是曾经引起过轩然大波的一篇文章。主要的原因就是因为我同情了农民革命的领导者李自成,特别是以仕宦子弟的举人而参加并组织了革命的李岩,这明明是帝王思想与人民思想的斗争,而这斗争我们还没有十分普遍而彻底地展开。

关于李岩,我们对于他的重要性实在还叙述得不够。可惜关于他的资料是毁灭了,我们可以坚决地相信,他一定是一位怀抱着人民思想的人,须知他是主张"均田"的。唯其这样,所以他能够与李自成合伙,他的参加农民革命是有他自己的在思想上的必然性,并不是单纯的"官激民变"。

认识了李岩的这层重要性,我们请把他和约略同时的一些学者或思想家来比较一下吧。例如顾炎武在前是被视为承先启后的一大鸿儒,特别被人尊重的是他有民族思想,他不受清廷的羁縻,而且还有组织地下运动的传说。但他对于李自成是反对的,可以证明他只有民族思想而无人民思想。

又例如王船山,他在思想史上的重要性近来是够被强调着,骎骎乎驾诸顾炎武之上了。他的民族思想也异常强烈,曾参加南明的抗清斗争,明亡隐于苗洞,坚苦著书,书也到了两百年后才为曾国藩所刊行。这些往事的确足以增加人们对于他的尊敬。然而在我看来,他也只富于民族气节而贫于人民思想。

这儿有这么一段事实。张献忠到了湖南，慕王船山的大名，特别礼聘他，请他参加自己的队伍。王船山躲起来了，不肯和"草寇"合流。张献忠便用绑票的方式把王船山的父亲捉了来，要挟他。弄得王船山没法，只好毁伤自己，被肩舆抬着去见张献忠。张献忠看他那样固执，便把他父子一同释放了。据这个故事看来，我们可以了解张献忠也并不如一般传说所讲的那么糊涂，而王船山的固执倒是可以惊人的。请把这种态度和李岩比较一下怎样呢？李岩不是可以更令人向往的吗？

我本来想把李岩写成剧本的，但没有成功。已经有好些朋友把《甲申三百年祭》写成剧本了，可以省得我费事。不过我还有一种希望，我们应该把注意力的焦点，多放在李岩的悲剧上。这个人我们不要看他只是一位公子哥儿的读书人，而是应该把他看成为人民思想的体验者、实践者。虽然关于他的资料已经遭了湮灭，但在思想史上也应该有他的卓越的地位的。

一九四七年七月二十一日

论曹植①

曹植在中国文学史上曾获得极豪华的声名,这在我自己认为是一件不十分可以了解的事。

譬如钟嵘②的《诗品》把他列于上品,把他的哥哥魏文帝曹丕③列于中品,把他的父亲魏武帝曹操④列于下品,便是最见轩轾的一种见解。这样分明的不公平是遭了后人的非议的。虽然也有人替钟嵘辩护,说他的上中下只在表明渊源,并非流品的等级,但在原书的评骘辞气中确然有天渊之别。

---

① 曹植(一九二—二三二),字子建,曾封平原侯、临菑侯、雍丘王、东阿王、陈王。死谥思,故又称陈思王。曹操之第四子。

② 钟嵘(?—五五二),字仲伟,颖川人,生于宋末,历仕齐、梁。梁衡阳王元简出守会稽,曾引为宁朔记室,专司文翰,故复称为钟记室。卒于梁元帝承圣元年。

③ 曹丕(一八七—二二六),字子桓,曹操第二子。因长子昂(字子修)早阵亡,故得嗣立,卒谥文。

④ 曹操(一五五—二二〇),字孟德,小字阿瞒,沛国谯人。由孝廉积功至丞相,扫荡群雄,权倾汉室。曹丕受禅后追称为武帝。

> 植诗,其源出于《国风》,骨气奇高,词彩华茂,情兼雅怨,体被文质,粲溢今古,卓尔不群。
>
> 嗟乎! 陈思之于文章也,譬人伦之有周、孔,鳞羽之有龙凤,音乐之有琴笙,女工之有黼黻。
>
> 俾尔怀铅吮墨者,抱篇章而景慕,映余晖以自烛。
>
> 故孔氏之门如用诗,则公幹①升堂,思王入室,景阳、潘、陆②,自可坐于廊庑之间矣。

这无论如何应该说是最高级的赞词。而关于魏文帝呢,则只说:

> 其源出于李陵③,颇有仲宣④之体则,所计⑤百余篇,

---

① 刘桢(?—二一七),字公幹,东平人。
② 张协(二六五—三一五),字景阳,安平人。潘岳(二四〇?—三〇〇?),字安仁,中牟人。陆机(二六一—三〇三),字士衡,吴郡人。又与其弟云并称为二陆。
③ 李陵,汉武帝时名将,后降匈奴,与苏武答和诗,相传为五言之祖,但经近人研究,实为伪托。
④ 王粲(一七七—二一七),字仲宣,山阳高平人。
⑤ "所计"二字或作"新奇",注者多以上句"则"字连下读,颇觉不适。《魏志·文帝纪》"好文学,以著述为务,自所勒成垂百篇",即此所云云也。

率皆鄙直如偶语；惟《西北有浮云》①十余首，殊美赡可玩，始见其工矣。不然，何以铨衡群彦，对扬厥弟者耶？

这样比较起来，还不足以表现出钟嵘心目中的优劣感吗？下品中的魏武帝，更真是每况愈下："曹公古直，甚有悲凉之句。"仅仅这样的十个字而已。

钟嵘历仕齐、梁，在当时正是文尚骈俪、诗重声律，南朝的文人极端从事藻饰的时代。钟嵘自己虽然颇重"自然英旨"，能道出"古今胜语，多非补假，皆由直寻"的话，但他毕竟未能脱离时代的影响，而独于推尊曹氏父子中偏重藻饰的曹植，这正表示着他自己的主张的不彻底，而时代的力量终竟是强大。被他称为"古今隐逸诗人之宗"的陶潜也被列于中品，而淡淡地叙述了事，不又是一个明证吗？

但推崇曹植亦不始于钟嵘，和他同时而著述略早的刘彦和②在他的《文心雕龙》里已把这种见解认为"旧谈"了。

---

① 《西北有浮云》乃杂诗第二首，其全文云："西北有浮云，亭亭如车盖。惜哉时不遇，适与飘风会。吹我东南行，行行至吴会。吴会非我乡，安得久留滞？弃置勿复陈，客子常畏人。"

② 刘勰，字彦和，东莞人。晚年为僧，更名慧地。在梁曾历任微职。有刘舍人之称者，以曾任南康王记室兼东宫通事舍人也。《文心雕龙·时序》有"皇齐御宇"云云，可知其书作于齐代。

魏文之才，洋洋清绮，旧谈抑之，谓去植千里。然子建思捷而才俊，诗丽而表逸；子桓虑详而力缓，故不竞于先鸣；而《乐府》清越，《典论》辨要，迭用短长，亦无懵焉。但俗情抑扬，雷同一响。遂令文帝以位尊减才，思王以势窘益价，未为笃论也。（见《才略》）

彦和的见解比钟嵘要公平得多。抑丕扬植，竟至"相去千里"，在彦和时已属"旧谈"，可知钟嵘的论调也不过是对于"俗情"表示了"雷同一响"而已。后人因为崇拜曹植之极也有连彦和一并加以斥骂的，如丁晏①《曹集铨评·集说》里面，引了上列《才略》一节，即加以案语道：

子建忠君爱国，立德立言，即文才风骨，亦迥非子桓所及，旧说谓"去植千里"，真"笃论"也。彦和以丕植并称，此文士识见之陋。

---

① 丁晏，字俭卿，山阳人，殆生于清乾隆末年。所著《曹集铨评》，乃得曾国藩之助而刊行于同治年间。时丁尚存，享年在七十以上。此书商务印书馆有铅印本，颇易得。末附《曹子建年谱》，于研究上颇为便利。

在"文才风骨"之外,又抬出了"忠君爱国"的长生禄位牌来,这样一来,曹植简直就成了真正的周公孔子了。丁晏的崇拜可以说是比钟嵘更进了一大步。

丁晏的《曹集铨评》,在苦心校勘,搜罗子建遗文,使之汇结成集的一点上,的确是有益的良书。但他是生在前清中叶,一直活到同治年间的人,在受了清朝超级奴化教育二百余年的学术界中,他要标榜忠君,是情有可原的,而且,他的见解也有渊源。渊源之所自,当远溯于隋代的王通①:

> 陈思王可谓达理者也。以天下让,时人莫之知也。(《文中子·事君篇》)
> 君子哉思王也,其文深以典。(同上)
> 谓陈思王善让也,能污其迹,可谓远刑名矣。人谓不密,吾不信也。(《文中子·魏相篇》)

王通的《文中子》本有伪托的嫌疑,但不管是真是伪,

---

① 王通,字仲淹,隋龙门人,居河汾教授,从业者千余。魏徵即出其门。卒后,门人私谥文中子。

对于曹植的这种看法总得远溯之于唐初,而明代的李梦阳①也就尽量地发挥了这种意见。李说见《曹集旧序》,称"纵酒韬晦,以明己无上兄之心",而比之以秦扶苏、吴季札。张溥②《题辞》,惋惜之极,对于他的风流韵事,也尽力平反,谓:"黄初二令③,省愆悔过,诗文怫郁,音成于心,当此时而犹泣金枕,赋《感甄》,必非人情。"又谓"论者又云,禅代事起,子建发服悲泣,使其嗣爵,必终身臣汉。若然,则王之心其周文王乎!"竟又把他比成"三分天下有其二"的姬昌了。丁晏要在道德方面尽力为陈思王粉饰洗刷,其实也就承袭了王、李、张诸人的唾遗。然而,这些论调,总不免有点迂腐的。

曹植在幼年的时候大概是一位"神童",故"年十岁余,诵读诗论及辞赋数十万言"。十九岁便能作《铜雀台赋》,

---

① 李梦阳(一四七二—一五二九),字天赐,更字献吉,庆阳人,为明弘治、正德间所谓"七子"之领袖。其《曹集旧序》见《铨评》所引,丁晏甚称之,谓为"北地第一篇文字"。其实意见颇迂腐,文中亦引及王通"以天下让"之语。

② 张溥,字天如,太仓人,为明末复社之领袖,号西铭先生。著述甚富。

③ 《曹集》中有黄初五年及六年令,唯前令与悔过无涉,别有《写灌均上事令》亦作于黄初年间。灌均者,《魏志·陈思王植传》称"黄初二年,监国谒者灌均希旨,奏植醉酒悖慢,劫胁使者",曹植因以获谴者也。

虽然并不怎样伟观，但年未及冠而能下笔成章，自属难能可贵。所以《世说新语》说是"世目为绣虎"，《文心雕龙》称之"援牍如口诵"。这样自然得到他父亲的欢心，于是便很想立他为太子。但后来终竟失了宠。《魏志·陈思王植传》说得很明白：

> 植既以才见异，而丁仪、丁廙、杨修等为之羽翼，太祖狐疑，几为太子者数矣。而植任性而行，不自雕励，饮酒不节。文帝御之以术，矫情自饰，宫人左右并为之说，故遂定为嗣。

这一方面固然表示着魏文帝比他的弟弟终竟高明，而陈思王这位"神童"实在有些恃才傲物，并恃宠骄纵。他曾擅开司马门私出，最伤了他父亲的心。杨修为魏武帝主簿（如今之秘书），与植暗通关节，"忖度太祖意，豫作答教"，行事也未免太欠磊落。故文帝是怎样"御之以术"我们不得而知。建安二十四年曹仁为关羽所围时，曹操遣植往救，"植醉不能受命，于是悔而罢之"。《本传》仅言醉，不言如何醉。裴松之注引《魏氏春秋》云："植将行，太子饮焉，逼而醉之。王召植，植不能受王命，故王怒也。"袒护曹植的人便据此对于曹

论曹植 / 013

丕大事声讨，"以天下让"的谀辞也就是从这儿产生出来的。

其实平心而论，丕之饮饯逼醉，未必出于有心：因为临行之前要被召见，丕于事前未必知道。即使认为有心，但植并不是不晓事的孩童，何至于一逼便醉？即使认为这就是文帝用诈术，但曹植与杨修的暗通关节以争求父宠，又何尝不是用术？不仅兄弟之间未能相待以诚，即父子之间亦实际相欺以诈，这何尝是有心韬晦，"以天下让"的人呢？

曹植在初年恃宠骄纵，我看是毫无问题的。《魏志·裴注》引《典略》，也明明说他"以骄纵见疏"。这正是他的性情。他的为人十分夸大而自视甚高，同时又把别人不十分看进眼里。我们看他《与吴季重（质）书》上的那些话吧：

> 愿举太山以为肉，倾东海以为酒，伐云梦之竹以为笛，斩泗滨之梓以为筝。食若填巨壑，饮若灌漏卮。其乐固难量，岂非大丈夫之乐哉？

这在现代式的某些文人或许会赞为写得淋漓尽致。但这样诞诞饕餮的夸张，不仅是毫无美感，简直是大杀风景。这不是他"任性而……饮酒不节"的自画的供状吗？我们还应该想想,他所处的究竟是什么时代。岂不是兵祸连年,疠疫猛恶,千里萧条,人民涂炭的时代吗?虽然只是想象,而他公然竟能有那样的夸大的想象:这位"三河少年"①真正是豪哉华哉了!

他的《与杨德祖(修)书》同样是令人难以卒读的自尊自大的文字:

> 昔仲宣独步于汉南,孔璋②鹰扬于河朔,伟长③擅名于青土,公幹振藻于海隅,德琏④发迹于此魏,足下高视于上京。……人人自谓握灵蛇之珠,家家自谓抱荆山之玉。吾王于是设天网以该之,顿八纮以掩之,今悉集兹国矣。然此数子犹复不能飞轩绝迹,一举千里。

你看他这目中无人之概!别人都"不能飞轩绝迹,一举千里",大约只有他才能够吧?接着便是:

> 以孔璋之才,不闲于辞赋,而多自谓能与司马长卿同风,

---

① 敖陶孙《诗评》称:"魏武帝如幽燕老将,气韵沉雄。曹子建如三河少年,风流自赏。"
② 陈琳(?—二一七),字孔璋,广陵人。
③ 徐幹(一七一—二一七),字伟长,北海人。
④ 应玚(?—二一七),字德琏,汝南人。

譬画虎不成反为狗也。前书嘲之,反作论盛道仆赞其文。……吾亦不能妄叹者,畏后世之嗤余也。

好一位标准的"文人相轻"的才子!不以诚意待人而出之以"嘲",使人认为真,又在背地里骂人。陈孔璋比起他来,实在老实得多了①。"不闲于辞赋"何足为病?司马长卿式的那种歌功颂德、笨拙万分的文体,就在当时其实是已经失掉了权威的。孔璋之自比长卿,或许因为长于写檄文的原故吧?他的檄文不是把曹操的头风都医好了的吗?曹植自己这样背地里批评人(其实是漫骂),而又痛恨别人批评他。你看他接着又说:

> 有南威之容乃可以论于淑媛,有龙泉之利乃可以议于断割。刘季绪②才不能逮于作者,而好诋诃文章,掎摭利病。昔田巴毁五帝,罪三王,訾五霸于稷下,一旦而服千人,鲁连一说使终身杜口。刘生之辩未若田氏,今之仲连求之

---

① 《陈集》中有《答东阿王笺》,盛称其《龟赋》,谓:"譬犹飞兔流星,超山越海,龙骥所不敢追。"
② 《文选》注引挚虞《文章志》曰:"季绪名修,刘表子。官至东安太守,著诗赋颂六篇。"

不难，可无叹息乎？

好一副拒绝批评的口吻呵！只有他自己才有批评人的资格，因为自视为南威，为龙泉，为在鲁仲连以上。像这样自尊自大不可一世的人，而要说他能够"以天下让"，谁个肯信！

而且在这些地方，曹丕恰恰和他成为一个极鲜明的对照。

曹丕这个人并不如一般所想象的那么可恶，我们看他的《典论·自叙》①知道他会骑马，会射箭，而且马术很精，射能左右发矢，又会击剑，善能持双以御单，持单以破双。戏弄之事少所好，惟喜弹棋，颇有自信。喜欢读书，"五经、四部、《史》、《汉》、诸子百家之言靡不毕览"，可见他并不是一位寻常的材料。

《典论》一书本有二十篇，惜已残佚，今仅存《自叙》和另一篇《论文》为完整之作。《论文》同样也提到当时的建安七子，但见解公允，行文亦平正和婉，读来令人愉快得多。我且把它摘录在下边：

---

① 曹丕《典论》二十篇，已佚，今仅存《自叙》（见《魏志·裴注》）及《论文》（见《文选》）。又张溥所刊《魏文帝集》，收有《论方术》一篇，疑不全。严可均《辑逸》一卷，见《全三国文》卷八。

论曹植／017

文人相轻,自古而然。傅毅之于班固,伯仲之间耳,而固小之,与弟超书曰:"武仲以能属文,为兰台令史,下笔不能自休。"夫人善于自见,而文非一体,鲜能备善,是以各以所长,相轻所短。里语曰:"家有敝帚,享之千金",斯不自见之患也。

这虽然是泛指,但就好像在斥责他的兄弟一样。接着点出了当时的建安七子,和子建所不同的是没有提到杨修。

今之文人,鲁国孔融文举①,广陵陈琳孔璋,山阳王粲仲宣,北海徐幹伟长,陈留阮瑀元瑜②,汝南应玚德琏,东平刘桢公幹:斯七子者,于学无所遗,于辞无所假,咸以自骋骥騄于千里,仰齐足而并驰。以此相服,亦良难矣。盖君子审己以度人,故能免于斯累,而作论文。

据此,似乎"文人相轻",也是当时建安七子的通病,倒不限于曹子建一个人,而曹丕自己也颇见自负。不过他所自负

---

① 孔融(一五三—二〇八),字文举,鲁国人。在七子中年最长,存诗仅五言杂诗二首。
② 阮瑀(?—二一二),字元瑜,陈留人,阮籍之父。

的是以为能够公道，能够认出别人的长处，这总比较傲视一切更可以忍耐。即使是虚伪吧，却很需要一番修养的功夫的。

> 文以气为主，气之清浊有体，不可力强而致。譬诸音乐，曲度虽均，节奏同检。至于引气不齐，巧拙有素，虽在父兄，不能以移子弟。

这是《论文》的要旨，古今来被人认为名言。曹丕的文字便以"气清"见长，诗尤显著，在这儿自不免有"夫子自道"的地方。他的文不同于他的父亲，也不同于他的兄弟，应该是他这个论断所根据的基本。文是人的表现，所论于文的用以论人自亦无甚大过。

曹丕也有一首《与吴季重书》，这书却写得异常委婉。首先叙到文友们的彫落：

> 昔年疾疫，亲故多离（罹）其灾。徐、陈、应、刘，一时俱逝，痛何可言耶？昔日游处，行则连舆，止则接席，何曾须臾相失？每至觞酌流行，丝竹并奏，酒酣耳热，仰而赋诗。当此之时，忽然不自知乐也。谓百年已分，可长共相保。何图数年之间，零落略尽？言之伤心。顷撰其遗

文,都为一集,观其姓名,已为鬼录。追思昔游,犹在心目,而此诸子,化为粪壤,可复道哉!

这情感是多么的动人!固然这里的变动也太大,建安七子中孔融年最长而最先逝(一五三—二〇八),阮瑀继之而逝(?—二一二),这儿使"徐、陈、应、刘,一时俱逝"的"疾疫",即建安二十二年(二一七)的大瘟疫。就是王粲也是一个牺牲了的,曹子建的《王仲宣诔》序文的开首一句便是"建安二十二年正月二十四日戊申,魏故侍中关内侯王君卒"。曹丕写这信时,建安七子已经是死完了。这样自然会叫他伤感。

建安二十二年的疠疫异常猛烈,为中国历史上一大事件。曹子建的《说疫气》也论到这一年的事:"建安二十二年,疠气流行。家家有僵尸之痛,室室有号泣之哀。或阖门而殪,或覆族而丧。……罹此者,悉被褐茹藿之子,荆室蓬户之人耳。若夫殿处鼎食之家,重貂累蓐之门,若是者鲜焉。"《湖广旧志》亦称张仲景罢太守后行医于京师,其宗族二百余人死疫者三分之二。这样猛烈的疫病,据近人陈方之的研究认为只有斑疹伤寒、天花、霍乱、鼠疫,方有可能。然斑疹伤寒通例均袭贫人,决不若此凶猛。天花于东晋元帝时始入中国,见葛洪的《肘后方》。真性霍乱亦古所未有。故只能断定为鼠疫。为时是第三世纪初期,"与欧洲的发生史年代亦相符合"①。

东汉末年,在政治腐败,饥馑荐臻,兵火连年,人民涂炭之余,复生此猛烈的疠疫,这实在是一件转移世运的重要契机。在当时科学尚未发达,无常的观念一定很深刻地印进了一般人的心灵,即使你身为帝王,也难免这样精神上的袭击。故自建安以后,诗文均转为消极,渐至于淫佛老,尚清谈,而甘心于"服食求神仙,多为药所误"的愚举。这种转机在曹丕与曹植的著作里均表示得很明白,而尤其是曹丕。他这《与吴季重书》所含的深切的哀感,实在是恻恻动人。另有《与王朗书》道及"疫疠数起,士人彫落,余独何人,能全其寿?"可算是更扼要地表示了当时人的心理了。

曹丕在《与吴季重书》中,其次又批评到各位文友们的业绩:

> 观古今文人,类不护细行,鲜能以名节自立。而伟长独怀文抱质,恬淡寡欲,有箕山之志,可谓彬彬君子者矣。著《中论》二十余篇,成一家之言。辞义典雅,足传于后,

---

① 陈方之著《急慢性传染病学》上册,七十五页,商务版。

此子为不朽矣。德琏常斐然有述作之意,其才学足以著书。美志不遂,良可痛惜。间者,历览诸子之文,对之抆泪,既痛逝者,行自念也。孔璋章表殊健,微为繁富。公幹有逸气,但未遒耳。其五言诗之善者,妙绝时人。元瑜书记翩翩,至足乐也。仲宣独自善于辞赋,惜其体弱,不足起其文,至于所善,古人无以远过。……诸子但为未及古人,自一时之隽也。今之存者,已不逮矣。

对于各人的长处和短处差不多都一一论到,而深致钦敬悼惜之意。这所论的都是死者,但即使死者复生也决不会嫌他有什么凌人的盛气吧。"今之存者"当中应该包含着他自己和他的兄弟。关于他自己,则下文说着"以犬羊之质,服虎豹之文,无众星之明,假日月之光",明明表明着是"不逮"的。这或者是故意的谦虚,但比那极端的夸大,总要来得高明一点。

大抵曹氏父子,气质不尽相同。曹操的表现是黏液质,为笛尔泰(Diltiney)所说的英雄人,其血液殆为O型;曹丕是犹豫质,笛氏的思省人,其血液殆为A型;曹植是多血质,笛氏的感觉人,其血液殆为B型。O型的人个性强而意志坚固,A型的人谦让宽和而易于悲观,B型的人快活灵敏而善于言辞。这些都和他们的性格相应,可惜他们的血液没有方法拿来检验了。丕与植虽同母,然血型、气质均可能相异。如操为O型,母为AB型,即能产生A型与B型的儿女。从性质上说,B型的人偏于进取,与O型相近。曹植的表现正是这样:如屡求自试,欲建功立业,即其证明。A型的人偏于退让,曹丕的表现也正是这样,他的篡位是他父亲造在那儿的局面,所谓水到渠成而已。"以犬羊之质,服虎豹之文",在他自己的内省感觉上倒是真实的话。

抑丕扬植的人主要就注重在篡位这一点,以为曹丕篡了位便是不忠,曹植如做了太子,便一定不会篡位。这真是"扬之可至青天,抑之可至黄泉"的话。但他们这样恭维曹植自然也有相当的根据。根据是什么呢?就是在曹丕篡位的时候,曹植曾经有"发服悲哭"的一件事。

《魏志·苏则传》"则及临菑侯植闻魏氏代汉,皆发服悲哭"。行文过于简略,俨如苏则和曹植真是汉代的遗臣。但据《魏略》却更能得其实际:"初,则在金城,闻汉帝禅位,以为崩也,乃发丧。后闻其在,自以不审,意颇默然。临菑侯植自伤失先帝意,亦怨激而哭。"据此可知发丧的是苏则,怨哭的是曹植,而且都是各有来由。苏则是闹笑话,他自己后来都明白了,可以不用说。曹植呢,是在哭他自己做不成皇帝,不是在哭献帝。这点我们是应该弄明白的。

曹植的失宠，事在前。他既擅开司马门使他父亲大伤其感情，在手令中不惜屡次的提说（见《裴注》所引《魏武故事》）。他又和杨修勾结，阴伺他父亲的意旨，以便先意承志，被他父亲怀疑而泄漏了，终致弄巧反拙。再被他父亲使用一番手段："遣太子及植各出邺城一门，密敕门者不得出，以观其所为。太子至门，不得出而还。修先戒植：'若门不出侯，侯受王命，可斩守者。'植从之。"但就这样，"修遂以交构赐死"（《裴注》引《世语》）。据这看来，他们父子兄弟之间互相使用手段，真是一件奇闻。但这责任，我看，应该由杨修、曹植等来负的。曹植要那样听杨修的话到底为的什么？不是为的争继承权吗？要说他"心在王室"，能"以天下让"，真是天晓得。

杨修分明是一位惯弄权术的人，他的被赐死是在建安二十四年。《魏志》说："太祖既虑终始之变，以杨修颇有才策，而又袁氏之甥也，于是以罪诛修。"这正是阿瞒老雄的深谋远虑，怕在自己身死之后，杨修会拥戴起曹植捣乱。足见得曹操生前，丕与植分朋争位的形势已经是很明显的。"修死后百余日而太祖薨，太子立，遂有天下。"这在曹植要算是咄咄逼人的重重不幸，你教他那样多感的人怎么不"怨激而哭"

呢?他哭的实情就是这样。真是天理良心,哪里为的是忠于汉室!

要说他忠于汉室吧,在他父亲一代已经是充分的跋扈飞扬,不曾见他反对或讽谏过一次。而如《七启》一文,更堂哉皇哉地把他父亲恭维了一大篇,誉为"同量乾坤,等曜日月,玄化参神,与灵合契"的"圣宰",是空前绝后的一位伟大超人。这把汉室和汉帝是摆在什么地方去了呢?

再看《丹霞蔽日行》吧。"汉祚之兴,秦阶之衰,虽有南面,王道陵夷,炎光再幽,忽灭无遗",明明是蔑视汉朝,说它不行王道,不配南面,故而和秦代一样灭绝。而丁晏却评为"此痛炎汉之亡,心事如见",不知所"见"的是何等"心事"!

《文帝诔》里面也有同样的见解:"汉氏乃因,弗求古训,嬴政是遵。王纲帝典,阒尔无闻。末光幽昧,道究运迁。"这说得更鲜明一些,好为说辞的人,在这儿似乎也不便再为曲解了。

还有《汉二祖优劣论》系评论汉高祖与光武帝二人,虽盛称光武,而却痛贬高祖,竟斥之为"败古今之大教,伤王道之实义"(《太平御览》卷四百四十七所引)。这也是大有悖于古时的所谓人臣的口吻。

《毁鄴城故殿令》①是敕毁汉武帝殿。对于先朝旧物毫不顾惜，大概当时已经有人反对，故在令中竟说出了这样的话："汉氏绝业，大魏龙兴，只人尺土，非复汉有。"这样跋扈的口吻，就连他的父亲所谓盖世的"奸雄"都是不曾有的，然而在曹植却偏偏得意忘形，这样也还能说是"不忘汉室"吗？

果真"不忘汉室"，便应该耻食魏粟，然而他却是魏的侯王，而且尽力摹仿司马相如、扬雄、班固等，在替"大魏"歌颂其符命。读他的《魏德论》和《大魏篇》吧，便什么真情都暴露无遗了。一些高头讲章式的大人君子不知道何以睁开了眼睛连这样的大文章好像都不曾看见。

其实曹子建的见解倒远超过了高头讲章式的迂腐读书人十万八千里了。真的啦，为什么一定要姓刘的才可以做皇帝呢？一般迂腐先生们先抱定一个忠君的公式，信手地依着自己的好恶而为是非，见曹操鹰扬，曹丕豹变，便斥为"奸雄"，斥为"篡贼"。拉着"悲哭"两个字，便大捧曹植，许以忠贞。等曹丕做了皇帝，而曹植求自试，欲"当一校之队，统偏师之任"，以西伐蜀，东伐吴，"擒权馘亮，歼其丑类"，也

---

① 此令见《文馆词林》卷六百九十五。丁晏《曹集铨评》已收入《逸文》。

竟被评为"危言激烈，如见忠臣之心"（丁晏）。那样也是忠君，这样也是忠君，到底该忠于哪一边呢？两者不可兼得，忠于汉便不得忠于魏，忠于魏便不得忠于汉。诸葛亮不是被称为三代以下的纯臣，而忠于汉室的吗？然而曹子建要砍他的脑袋子，而曹子建却还是"忠臣"。这样矛盾，真是不堪一笑！

为了要说曹子建是忠臣，提高他的道德地位，所以一方面既替他用力粉饰，另一方面又要替他用力洗刷。洗刷什么呢？便是洗刷他的风流才子的头衔。这个头衔，和道德纯臣的牌位，实在是不能调和的。于是曹子建的一些风流逸事和言情的诗辞便要成问题了。

首先是与甄后有关的《洛神赋》，据李善《文选注》，引《记》曰：

> 魏东阿王，汉末求甄逸女，既不遂。太祖回，与五官中郎将（丕）。植殊不平，昼思夜想，废寝与食。黄初中入朝，帝示植甄后玉镂金带枕，植见之，不觉泣下。时已为郭后谗死，帝意亦寻悟，因令太子留宴饮，仍以枕赉植。植还渡辗辕，少许时，将息洛水上，思甄后。忽见女来。自云："我本托心君王，其心不遂。此枕是我在家时从嫁，前与五官中郎将，今与君王。遂用荐枕席，欢情交集，岂

常辞能具?为郭后以糠塞口,今被发,羞将此形貌重睹君王尔。"言讫遂不复见所在。遣人献珠于王,王答以玉佩,悲喜不能自胜,遂作《感甄赋》。后明帝见之,改为《洛神赋》。

这所谓《记》不知道究竟是什么书。托梦荐枕,献珠报佩云云,确实是怪诞,不近情理。但子建对这位比自己大十岁的嫂子曾经发生过爱慕的情绪,大约是无可否认的事实吧。不然,何以会无中生有地传出这样的"佳话"?甄后何以又遭谮而死,而丕与植兄弟之间竟始终是那样隔阂?魏晋时代的新人物对于男女关系并不如其前代人或后代人所看得那么严重。例如曹丕为太子时"尝请诸文学,酒酣坐欢,命夫人甄氏出拜。坐中众人咸伏,而桢独平视"。这足见曹丕、刘桢都相当浪漫。刘桢的态度在曹丕倒满不在乎,却恼了做阿翁的曹操,以桢不敬,几乎处死了他。又如再后一辈的阮籍便坦然与嫂话别,醉卧于当垆的美貌邻妇侧而不自嫌。那么,子建要思慕甄后,以甄后为他《洛神赋》的模特儿,我看应该也是情理中的事。然而道学先生们却一定要替他洗刷,洗刷,洗刷,而加以根本的否认。例如丁晏的《曹集铨评》在《洛神赋》上便有很长的眉批。

> 宴案：《序》明云拟宋玉《神女》为赋，寄心君王，托之宓妃洛神，犹屈、宋之志也。而俗说乃诬为"感甄"，岂不谬哉！
>
> 又案："感甄"妄说本于李善注引"《记》曰"云云，盖当时记事媒蘖之词，如郭颁《魏晋世语》、刘延明《三国略记》之类小说短书，善本书簏无识，而妄引之耳。五臣注不言"感甄"，视李注为胜。

这样既把子建推尊为屈、宋，而把李善骂了一场，又还引列了何义门、方伯海、潘四农、张燮等一大批高头讲章家的意见，说来说去只是在想证明曹子建并非风流才子而已。最有趣味的是因《洛神》拟《神女》，便由曹植而宋玉，又由宋玉而屈原。屈原是楚的同姓，子建是丕的同胞。屈原被流放，子建受猜忌。于是乎曹植便成为"古今诗人之冠，灵均以后一人"了（丁晏《魏陈思王年谱》序）。这样的论断，不仅十分勉强，实在有点滑稽。

就文章的结构上来说吧。《洛神赋》虽然享有盛名，但过细研究起来实在是大有毛病。请看它开首说"睹一丽人，于岩之畔"，而到后面却说是"众灵杂遝"。一与众怎么调和？前面还不知此"丽人"为谁而问御者，仅由御者以疑似之词答以"河洛之神,名曰宓妃,然则君王所见,无乃是乎?"而后面却已直指为"洛灵"。前面只是"忽焉"的一睹,而后面却是淋漓尽致地刻画得异常用力。又请看他的刻画吧。他才说"芳泽无加,铅华弗御",宜乎是一位淡妆素净的美人了,而一转笔又说到罗衣瑶碧,金翠明珠,满身满头的华饰。像这样前后矛盾,脉络不清,我真有点不大了解,何以竟成为了脍炙人口的寿世妙文?或许这赋的构成,不是出于一时的吧?前面的冒头或许是后来加上去的。是不是由《感甄》改为《洛神》,虽不能断定,但曾经经过改作似乎是可以断定的。又曹氏兄弟和建安七子的辞赋中每每有不少同题之作,如《砗磲椀赋》《迷迭香赋》《玛瑙勒赋》,几为诸人所共有。又如《神女赋》《出妇赋》《寡妇赋》诸题也几为诸人所共有。这些一定和"公讌诗"一样是文会上的拟作。因此我也疑心《洛神赋》或许本是《神女赋》的改题。

说到子建的受猜忌,固然是毫无疑问的事,但他委实也咎由自取。他看不起他阿哥的地方,除开行事之外,就在文字上也有表现。例如丕有《周成汉昭论》,认为汉昭帝不逊于周成王,周成王曾疑周公,而昭帝不疑霍光。这大约是写给汉献帝看的文章,要他也同昭帝一样,不要疑他父亲。植也有《周成汉昭论》却和他阿哥大抬其杠子,来他一个反攻:"若以昭帝胜成王，霍光当逾周公耶？"颇有点近于无理取闹。因为霍光即使赶不上周公，昭帝固可以胜过成王。照曹丕的论旨，霍光愈赶不上周公，汉昭帝愈可以胜过成王的。何以呢？有那样好的叔父而要疑他，成王不是愈见庸暗？这是颇能言之成理的。要是这样乱抬杠子，兄弟之间固然难保其融洽了。

在失父宠后，子建的自大自负虽然收敛了些，但他的根本气质并没有改变，使得别人对于他总不能不持戒心。他虽然屡屡减食户邑，但终其身还是魏国的王侯。虽然"十一年中而三徙都"，但他并非是遭受流窜。虽然寮属是下才，兵卒是老弱，但总是驱车策肥而有供他役使的人。但他始终是"愤懑"不堪，牢骚满腹，总觉得自己是怀才不遇。一求自试，再求自试，总想东讨西征，表露自己的无穷大望。这怎能叫人不提防他呢？他在所封的地方上并不见到有什么德政，怎么样去爱抚当时在水深火热中的人民，与民更始，但总是诉自己的愁，诉自己的穷，不是埋怨自己所得兵佐太少太老而感着"自羞"，便是陈述有"园果万株"，而"食裁糊口"。又总爱过问朝政，而见解又不怎么高明。朝廷正有事于远东以图除去后顾之忧，而他反要斥"劳神于蛮貊之域"。上表《陈审举》吧，主要的只是反对"公族疏而异姓亲"，一头脑的封建意识，只知道亲亲而不知道尊贤，只怕异姓夺取大位，故主张用公族来以自屏藩。他的忧虑后来也实现了，因为司马氏又篡了魏统。因此也有人称他有先见之明。其实他那种主张又何尝是妙法？治天下应该是在如何安百姓，而不在如何保王家。用人应该是在如何选贤举能，而不在乎分出谁是公族，谁是异姓。用贤以安民，即使失位，于道何伤？但曹植的见解并不是这样。他一味地怀疑异姓，使当时在朝的异姓权贵何以自处？魏氏固然限制公族太甚，但这也并不就是亡国的根本原因。司马氏得天下后，一反曹魏所为而大封公族，加重其权柄，使各王得以任官分治，征兵自卫，这可以说是曹植政见得到异代的知己了。但结果形成了尾大不掉之势，不二传而有"八王之乱"，斫杀了十六年，卒招五胡乱华，而晋室南渡。倚靠公族，又何尝是办法呢？

关于用人行政之道，在周秦之际的思想家倒已经有很周密的一套想法，便是公正无私，不避亲怨，综核名实，信赏必罚。总要有公正的是非，而益之以赏罚严明，有以察之于前，有以核之于后，那就可以促进治平，而防祸于未然了。是非明，则赏以为荣，罚以为辱；是非不明，则赏不足以为荣，罚不足以为辱；是非颠倒，则赏以为辱，罚以为荣。曹子建并没有达到这样的了解，只是出于一味的私心，以一家一姓的安全为本位，实在是最庸俗不堪的陋见。

同时代的政治家如诸葛武侯，那就比他高明得多。武侯的"集众思，广忠益"，是千古不磨的名言。他的前后两《出师表》，说得具体切实，情词恳款，虽然并没有《求通亲亲》《求自试》《陈审举》诸表那样拚命地做文章，然而在文学上的价值却是更为宏大。就是曹丕吧，在政治见解上也比乃弟高明得多，而在政治家的风度上有时还可以说是胜过他的父亲。如令宦人为官不得过诸署，禁母后预政，取士不限年资但纠其实，轻刑罚，薄赋税，禁复仇，禁淫祀，罢墓祭，诏营寿陵力求俭朴等，处处都表示着他是一位旧式的明君典型。可惜他是死得太早，仅仅活了四十岁，做皇帝的期间也仅仅七年。假使他活到七八十岁，司马氏的篡夺未必便能够实现的吧？

公平地说来，曹子建毕竟是一位才子。他的思想既不怎么高明，也并不怎么坚定。他时而像儒家，时而又像道家，而两方面都不甚深入。有时他在"辩道"，反对当时的一些术士，以为"若遭秦始皇、汉武帝，则复为徐市、栾大之徒"；时而又在"释疑"，以为"天下事，不可尽知，而以臆断之，……恨不能绝声色，专心以学长生之道"。我们并不必责备他的游移，我们只须指出他是这样的二重性格。"不能绝声色"，也是人之常情，何况他是一位才子！故尔同一《七哀诗》，我们读王粲的便深感哀切，而读子建的只觉得他真是风流。且把这

两首诗都写在下边吧:

> 西京乱无象,豺虎方构患,
> 复弃中国去,委身适荆蛮。
> 亲戚对我悲,朋友相追攀,
> 出门无所见,白骨蔽平原。
> 路有饥妇人,抱子弃草间。
> 顾闻号泣声,挥涕独不还。
> "未知身死处,何能两相完?"
> 驱马舍之去,不忍听此言。
> 南登霸陵岸,回首望长安,
> 悟彼下泉人,喟然伤心肝。

上王作三首录一。

> 明月照高楼,流光正徘徊。
> 上有愁思妇,怨叹有余哀。
> 借问叹者谁?言是宕子妻。
> 君行逾十年,孤妾常独栖。
> 君若清路尘,妾若浊水泥。

> 浮沉各异势，会合何时谐？
> 愿为西南风，长逝入君怀。
> 君怀良不开，贱妾当何依？

上曹作。

一边是沉痛，一边是清新，而且是同一时代的作品。在这儿正可以看出写实与浪漫的不同。然而我也并不打算说：王作就一定好，曹作就一定不好。但落在道学家丁晏的眼里，曹作却又变了质："此其望文帝悔悟乎？""结尤凄婉！"这并不是在赞美他，其实是在摧毁他。简直把诗都糟蹋了。

子建的诗和文都有浓厚的新鲜绮丽之感，这是不能否认的，但他总也呈示着一个未成品的面貌。他的作品形式多出于摹仿，而且痕迹异常显露。《洛神赋》摹仿宋玉的《神女赋》，《七启》摹仿枚乘的《七发》，《酒赋》摹仿扬雄的《酒赋》，是他自己在序文上说明了的。章表摹仿刘向的疏奏，《魏德论》摹仿司马相如的《封禅文》，《髑髅说》完全是袭取《庄子》而稍稍冗长化了。几于无篇不摹仿，无句不摹仿，可谓集摹仿之大成。摹仿得有时虽然比原作更华丽，但每每是只徒夸张，不求统一。《洛神赋》前后不统一之处，前面已经说到，如要再举一篇为例，则可以举出《七启》。

《七启》假托了一位"玄微子，隐居大荒之庭，飞遁离俗，澄神定灵，轻禄傲贵，与物无营，耽虚好静，羡此永生。独驰思乎天云之际，无物象而能倾"。写出了这么一个超世脱俗的人，完全和老、庄再生的一样。此外又假托了一位极其现实的"镜机子"来向他说教，指斥他的出世生活，认为是走不通的路，应该重人事，立功名，崇尚仁义道艺。这已经可以说是如冰炭之不相容。所以"玄微子"也就回答道："太极之初，混沌未分，万物纷错，与道俱隆。盖有形必朽，有迹必穷，茫茫元气，谁知其终？名秽我身，位累我躬，窃慕古人之所志，仰老庄之遗风，假灵龟以托喻，宁掉尾于途中。"——把道家的极致吐露了出来，像在这样人的耳里实在是再没有关于尘世的繁华可以钻得进去的，所谓"无物象而能倾"，自己也就说穿了。然而那"镜机子"——其实就是作者曹植本人，却公然更把那冰炭不相容的话扩大起来，连篇累牍，不畏辞费。首先夸张一批好吃的饮食，其次夸张一批装饰的物品，再说到田猎，说到宫室，说到声色。这些都没有把玄微子说动，论理当然也是说不动的。再次又说到游侠尚义之事，便公然多少说动了些。最后说到了自己的父亲"圣宰"是怎样的伟大，时代是怎样的"隆平"，甘露降，景星现，神龙出，灵凤鸣，简直是陶唐盛世。于是玄微子便"攘袂而兴……愿反初服"了。我感觉着真是有点近于儿戏。一位极端的遁世家竟能被一位庸俗的机会主义者说服！这矛盾大概在作者自己并不曾感觉得，就是后来的读者也只是一味恭维，然而说穿了总不免滑稽。不要把玄微子作为那样彻悟了什么宇宙人生原理的人物，只做一位愤世嫉俗的悲观主义者，便是很容易处理的。在这些地方枚乘的《七发》比较要合理些，他是让吴客来对有疾的楚太子做种种诱导。

曹子建最有成绩的应该还是他的乐府和五言诗，但这是建安文学一般的成绩，并不是他一个人的特长。建安文学在中国文学史上是有着划时代的表现的。辞赋脱离了汉赋的板滞形式与其歌功颂德的内容，而产生了抒情的小型赋。诗歌脱离了四言的定型，而尽量地乐府化，即歌谣化。另一方面把五言的新形式奠定了下来。这是曹氏父子和建安七子的共同倾向，也就是他们共同的功绩。因此像曹操的"古直悲凉"、曹丕的"鄙直如偶语"，倒正是抒情化、民俗化过程的本色。而且在这儿我们不能不认定是有政治的力量做背景，假使没有操和丕的尊重文士与奖励文学，绝对不能够集中得那样多的人才，也绝对不能够收获到那样好的成绩。同时代的吴与蜀，差不多等于瘠土，不就是绝对的旁证吗？

在建安才人中子建要算最年轻，成绩也最丰富，或许也怕是最幸运,被保存下来的作品特别多。然而抒情化、民俗化的过程在他手里又开始了逆流。他一方面尽力摹仿古人,另一方面又爱驱使辞藻,使乐府也渐渐脱离了民俗。由于他的好摹仿,好修饰,便开出了六朝骈俪文字的先河。这与其说是他的功,毋宁是他的过。

从这些观点来说,曹丕的功绩不能湮没。政治上的影响即使除外,文艺上的贡献是谁也不能否认的。他是文艺批评的初祖。他的诗辞始终是守着民俗化的路线。又如他的《燕歌行》二首纯用七言,更是一种新形式的创始。特别是他的气质来得清,委实是陶渊明一派田园诗人的前驱者。关于这后一点,钟嵘倒也是已经认识了的。且看他说"陶潜诗其源出于应璩",而"璩诗祖袭魏文",便可以知道。只是他不重视这一派,故而都把他们列在"中品"去了。这在目前,不用说也是应该平反的。古时也有独具只眼的人,如上举刘彦和所说的"文帝以位尊减才,子建以势窘益价",是比较公允的评骘。王夫之也很贬抑子建而推重文帝可以说是先得我心①。

---

① 王船山《诗选》于丕乐府《猛虎行》评云:"端际密窅,微情正尔动人,于艺苑讵不称圣?钟嵘妄许陈思以入室,取子桓此许篇制与之颉颃,则彼之为行尸视肉,宁顾问哉!"可谓极尽平反之能事。又于《黎阳作》三首之二评云:"此公子者,岂不允为诗圣?"

认真说，曹子建在文学史上的地位早就是成了有名无实的东西了，尽管后人的心目中却认定他是一位才子，而他的诗文对于后人的影响，也已经早成为过去了。反而是那首疑信难决的《七步诗》倒依然脍炙人口，且成了一个有名的典实。

《七步诗》初见《世说新语》，"文帝尝令东阿王七步中作诗，不成者行大法，应声便为诗云云，帝深有惭色"。其诗云：

> 煮豆持作羹，漉豉以为汁。
> 萁在釜下燃，豆在釜中泣：
> 本是同根生，相煎何太急？

诗不见本集，有人疑是傅会。又一般传世的只有四句，首句作"煮豆燃豆萁"，二三两句缺。过细考察起来，恐怕傅会的成分要占多数。多因后人同情曹植而不满意曹丕，故造为这种小说。其实曹丕如果要杀曹植，何必以逼他作诗为借口？子建才捷，他又不是不知道。而且果真要杀的话，诗作成了也依然可以杀，何至于仅仅受了点讥刺而便"深惭"？所以这诗的真实性实在比较少。然而就因为有了这首诗，曹植却维系了千载的同情，而曹丕也就膺受了千载的厌弃。这真是所谓"身后是非谁管得"了。

借煮豆为喻,使人人能够了解,是这首诗所以普遍化了的原因。但站在豆的一方面说,固然可以感觉到萁的煎迫未免过火;如果站在萁的一方面说,不又是富于牺牲精神的表现吗?我因而作了一首《反七步诗》以为本文的煞尾:

> 煮豆燃豆萁,豆熟萁已灰。
> 熟者席上珍,灰作田中肥。
> 不为同根生,缘何甘自毁?

一九四三年七月七日脱稿

隋代大音乐家万宝常

一

近来因为对于隋唐时代的音乐稍稍有所涉猎,知道了隋代有一位不幸的大音乐家万宝常。他是一位卓越的演奏家而兼乐理家,但不幸不仅他的物质的生涯数奇到了万分,一生陷于奴隶的境遇不能解脱而终至于饿死,竟连他的乐理论也都为当世有权势的文化强盗所剽窃,几乎遭了淹没。在隔了一千三百多年后的今天,对于这位可以尊敬的艺术家,我相信除掉少数研究中国音乐史的专门学者而外,恐怕连晓得他的名字的人都没有几个。而那些少数研究音乐史的学者们关于他的生涯与学艺恐怕也没有人去细心搜讨过的。我对于万宝常的物质生活之数奇怀着无上的同情,对于他的精神生产之湮灭尤其感着无上的义愤。我感受着了一种迫切的冲动,觉得非把这位不幸的古人介绍出来不可。

我就跟追随一位爱人的踪迹一样，凡是于他有关系的事项以及和他有关系的人们，如王琳、祖珽、郑译等的事迹，就我所能接近的材料，大都检查了一遍。他的形象在我的意识中算刻画了出来。但他的形象逐渐在膨胀，就像要把我的意识本身都挤消了的光景。我委实是迫不及待了。我本想把他写成小说或剧本，但这种冷静的具象的表现我只好期诸异日，或者让给比我更有能力、更能冷静的人。

使我认识了万宝常，使我具着情热要来介绍他，让现代人给以再认识，我是应该感谢编纂了《隋书》的唐初的那几位大家，便是魏徵、令狐德棻、长孙无忌、颜师古、孔颖达、李淳风诸人。他们在《隋书·艺术传》①中替万宝常立了传，又在《乐志》和《律历志》中揭载了他的学艺的梗概。他们对于万宝常是怀着相当的敬意的。特别是《万宝常传》，那是由同情所酝酿出来的文章，不知道是这几位中哪一位的手笔。那篇传文也被收在了李延寿的《北史·艺术传》中，但稍稍有所省略。——《隋书·本传》六百九十九字，《北史》短五十字。在《隋书》的编纂上李延寿本也是参预过的人，但他所参预的是几种志书，《本传》

---

① 古所谓"艺术"是方技之意，和今语不同。

的文字，大约是出于转录吧。然而他对于万宝常所怀抱的同情和敬意，似乎还要更浓厚一点。这由两书传后的论赞可以见到。

> 宝常声律，动应宫商之和，虽不足远拟古人，皆一时之妙也。（《隋书》）
> 宝常声律之奇，足以追踪牙（伯牙）、旷（师旷），各一时之妙也。（《北史》）

但这些都是枝叶的问题，最好还是单刀直入地请来先读一遍《隋书》的《本传》。

> 万宝常，不知何许人也。父大通，从梁将王琳归于齐。后复谋还江南，事泄，伏诛。由是宝常被配为乐户，因而妙达钟律，遍工八音①。造玉磬以献于齐。又尝与人方食，论及声调。时无乐器，宝常因取前食器及杂物，以箸扣之，品其高下，宫商毕备，谐于丝竹，大为时人所赏。然历周洎隋，俱不得调。

---

① "八音"一般是指金（钟也）、石（磬也）、丝（琴瑟也）、竹（箫管之属）、匏（笙竽也）、土（埙也）、革（鼓也）、木（柷圉也）。但作者根据日人林谦三之说，认为应指："大业年间所议修的一百四曲中的'宫调黄钟也，应调大吕也，商调太簇也，角调姑洗也，变徵调蕤宾也，徵调林钟也，羽调南吕也，变宫调应钟也'。"——《郭沫若全集》注

隋代大音乐家万宝常 / **043**

开皇初,沛国公郑译等定乐,初为黄钟调①。宝常虽为伶人,译等每召与议,然言多不用。后译乐成奏之,上召宝常,问其可否。宝常曰:"此亡国之音,岂陛下之所宜闻!"上不悦。宝常因极言乐声哀怨淫放,非雅正之音,请以水尺为律,以调乐音。上从之。宝常奉诏,遂造诸乐器,其声率下郑译调二律。并撰《乐谱》六十四卷②,具论八音旋相为宫之法,改弦移柱之变。为八十四调,一百四十四律,变化终于一千八声③。时人以《周礼》有旋宫之义,自汉、魏已来,知音者皆不能通,见宝常特创其事,皆哂之。至是,试令为之,应手成曲,无所碍滞,见者莫不嗟异。于是损益乐器,不可胜记。其声雅淡,不为时人所好,太常善声者多排毁之。

又太子洗马苏夔以钟律自命,尤忌宝常。夔父威,方用事,凡言乐者,皆附之而短宝常。数诣公卿怨望,苏威因诘宝常,所为何所传受。有一沙门谓宝常曰:"上雅好符瑞,有言徵祥者,上皆悦之。先生当言就胡僧受学,云是佛家菩萨所传音律,则上必悦。先生所为,可以行矣。"宝常然之,

---

① 据《音乐志》乃黄钟宫调之意,宋以后人宫调称宫,宫调以外之调称调,隋唐代人不如是。
② 《通典》作"《六乐谱》十四卷"。
③ "一百四十四律"《北史》误为"一百四十律"。又"一千八声"《隋书》与《北史》均误为"一千八百声",今依《通典》校改。

遂如其言以答威。威怒曰:"胡僧所传,乃是四夷之乐,非中国所宜行也。"其事遂寝。宝常尝听太常所奏乐,泫然而泣。人问其故,宝常曰:"乐声淫厉而哀,天下不久相杀将尽。"时四海全盛,闻其言者皆谓为不然。大业之末,其言卒验。

宝常贫无子,其妻因其卧疾,遂窃其资物而逃。宝常饥馁,无人赡遗,竟饿而死。将死也,取其所著书而焚之,曰:"何用此为?"见者于火中探得数卷,见行于世,时论哀之。

开皇之世有郑译、何妥、卢贲、苏夔、萧吉,并讨论坟籍,撰著乐书,皆为当世所用。至于天然识乐,不及宝常远矣。安马驹、曹妙达、王长通、郭令乐等,能造曲,为一时之妙,又习郑声,而宝常所为,皆归于雅。此辈虽公议不附宝常,然皆心服,谓以为神。

我们请细细地读这篇传文,可以见到执笔的人和编纂《隋书》的人对于宝常确实是怀有相当的同情的。然他们的同情却还没有达到十分浓厚的饱和点。离万宝常本不甚远的他们,在所编录的传文中所缺佚的事项却是不少。例如万宝常的生地、他的年龄、他所著书的名目等,或则以"不知"了之,或则全然出以疏略。到了现在,那在唐初还"行于世"的万宝常遗著,竟连名目都无从查考了。但关于万宝常的生地和年龄,根据种种外围的资料还可以推考出一个大概。

在知道万宝常幼年时代的动静上,有两位人物的身世是重要的线索,第一个是王琳,其次是祖珽。

王琳也是很值得同情的一位古人,在李百药的《北齐书》中有他的传,李延寿的《南史》把它转录了,是列在梁臣的部分的。他本是梁末的一员勇将而兼重臣,平侯景有功,做过湘州、衡州、广州等地的刺史。陈霸先篡梁的时候,他据着衡、湘一带和陈抗衡,有意保存梁室的宗绪。陈文帝的天嘉元年(*齐废帝乾明元年*),他领率着自己的全军往长江下游攻陈,但在江中遇风,弄得来全军覆没,他才投归了北齐。在天嘉五年,陈将吴明彻伐齐,齐朝用了王琳去参预抗御的军事,但又不肯给以兵力而多所牵掣,终竟使他被困失援,为吴明彻所擒而身首异地。传上说他是"会稽山阴人",说他的"麾下万人多是江淮群盗",说他深得士卒和民众的欢心,"死时年四十八,哭者声如雷""田夫野老知与不知莫不为之歔欷流泣"。《梁书》的《王僧辩传》上也说到跟着他同归北齐在做着竟陵①郡守的僧辩的长子王颁,听到他的死耗,便跑出郡城南,登上一座高丘,"号哭一恸而绝"。还有在齐的他的故吏

---

① 今湖北天门县。

朱玚，有一封致陈尚书仆射徐陵求琳首级的信，是情辞恳切的一篇四六文，载在《王琳传》中。陈国就因他的信把王琳的头首送回了寿阳，权葬在八公山侧。"义故会葬者数千人。"后来又有扬州人茅知胜等五人把他的棺材偷送到齐国的都城去了。

万宝常的父亲万大通是跟着王琳降北的，当然也是王琳的死党，说不定会是会稽附近的人，或者怕还是"江淮群盗"之一吧？他之谋返江南当得在王琳死后。王琳之死当齐河清三年（天统前一年），至齐灭亡仅仅十三年，算自王琳降齐起也仅仅十八年，而万宝常在齐已有过造献玉磬的事，然则万宝常不当生于齐，他本生在江南而跟着他父亲降北，是可以推知的。他跟着他父亲降北的时候年纪还很幼小，这在《隋书·音乐志》上另有一段记事可以证明。

> 有识音人万宝常，修《洛阳旧曲》，言幼学音律，师于祖孝徵，知其上代修调古乐。

祖孝徵便是祖珽，《北齐书》和《北史》上都有传。他也是一位超等的奇人。传上说他"天性聪明，事无难学，凡诸技艺莫不措怀。文章之外又善音律，解四夷语及阴阳占候，医药之术尤其所长"。说他有奇怪的盗癖（这大约是可信的），又说他淫纵好利，权势的欲望也很熏炽（这恐怕有几分冤枉）。他两次被配为流囚，在第二次上更被人把两眼熏瞎了。但他后来却做到了盲目的宰相。晚年被谪贬为北徐州刺史，便死在那儿。传上虽然说他特长于医药，但他的音乐是有家传的，他的父亲祖莹做过北魏的太常卿，曾经典造过洛阳的钟石管弦，三年而成，《魏书》和《北史》中有传，《魏书·乐志》上也有关于造乐的记载。祖孝徵的音乐学识和万宝常所修的《洛阳旧曲》，便是渊源于这儿的。在这儿不妨再从《隋书·乐志》上引出一段文字来以当注释，同时也可以见到当时的外来音乐的势力。

齐神武霸迹肇创，迁都于邺(今河南临漳县)，犹曰人臣，故咸遵魏典。及文宣初禅，尚未改旧章。……其后将有创革，尚药典御祖珽自言，旧在洛下，晓知旧乐。上书曰："魏氏来自云、朔，肇有诸华，乐操土风，未移其俗。至道武帝皇始元年，破慕容宝于中山，获晋乐器，不知采用，皆委弃之。天兴初，吏部郎邓彦海奏上庙乐，创制宫悬，而钟管不备。乐章既阙，杂以《簸逻迴歌》。初用八佾，作《皇始》之舞。至太武帝平河西，得沮渠蒙逊之伎，宾嘉大礼，皆杂用焉。此声所兴，盖苻坚之末，吕光出平西域，得胡戎之乐（案乃龟兹乐，详《隋志》），因又改变，杂以秦声，所谓《秦汉乐》也。至永熙中，录尚书长孙承业共臣先人太常卿莹等，斟酌缮修，戎华兼采，至于钟律，焕然大备。自古相袭，损益可知，今之创制，请以为准。"珽因采魏安丰王延明及信都芳等所著《乐说》，而定正声。始具宫悬之器，仍杂西凉之曲，乐名《广成》，而舞不立号，所谓"洛阳旧乐"者也。

根据这些资料可以知道万宝常的音乐是学于北齐的祖珽，而学习的时候年纪尚"幼"，那么万宝常入齐时的年龄恐怕不过四五岁的光景吧。他的学音乐大约是在他父亲生前。在祖珽第二次被配甲坊之后，他们师弟之间当有相遇的机会。我们如想象到一位天才的盲目音乐家教导着一位同样有天才的八九岁的童子，是值得令人玩味的一幅情景。本来音乐的学习是以幼年为适当的，因为绝对音的认识只有在年幼时才锐敏，在十岁以后便有游移而不能准确。万宝常的音识特别锐敏，由《本传》上那段敲打食器而成宫商的插话便可以想见。这种本领，不从幼时着手，是不能得到的。据《齐法》"诸强盗杀人者首从皆斩，妻子同籍配乐户；其不杀人及赃不满五匹，魁首斩，从者死，妻子亦为乐户。"（《通典》一六四，《刑》二）万大通伏诛后，其子宝常即被配为乐户，是知他所受的刑罚与强盗等，但不知道他的妻——万宝常的母亲——是怎样。假如在当时还生存，自然是同被配为了乐户的。

要之，万宝常是生在江南，在四五岁时随着他的父亲降北，学音乐是在降北以后，当在他十岁以前。他的父亲死时，他的年龄怕也不过十岁，他从此便成为了奴隶。一位十岁左右的童子失掉了故乡，失掉了故国，失掉了父母亲戚，孤单地在异乡中过度着奴隶生活。这是怎样艰难的一种境遇呢？然而他的音乐的天才却没有因此而受窒息。怕真的也是艰难玉成了他吧？在一切都丧失了，一切都被人剥夺了的他，到底还有什么东西可以自行安慰？还有什么东西可以系念，可以作为凭借，让他那孤苦的生涯在严酷如沙漠，如冻苔原的这个虚伪世界上维持着？音乐！音乐！音乐！这在他会是生命的同义语，生命的生命！

他的奴隶生涯终生没有得到解脱。尽管他在音乐上的成就，在隋开皇时代便是大臣宰相乃至至尊的天子都不能够抹杀，作乐时要征求他的意见，然而奴隶终竟是奴隶，"历周洎隋俱不得调"。

北周灭齐后的年代很短，仅仅四年。隋的开皇乐议，据《隋书·音乐志》是从二年开始。由郑译、牛弘、辛彦之、何妥、苏夔等"各立朋党"，纷纷讨论，闹了七八年，才龙头蛇尾地告了终结。万宝常用水尺律造器，据《隋书·律历志》是在开皇十年。开皇十年以后便不再见万宝常的名字了，大约他的饿死便是在开皇十一二年前后。因为他倾倒了毕生的心血所造成的乐器，为当时的权贵者所忌而遭了寝置，他于劳瘁之余更加以悲愤，是有得病的可能的。他病了，他的妻便拐带了家财而逃。那逃不当是简单地逃，必然还有奸通的情事在其背面。那么在他卧病时，他的妻必然还相当的年轻而有姿首，这也足证他当死在开皇十一二年，便是"四海全盛"的时候。在那时万宝常还不上四十岁，他的妻大约是三十以往，也还是杨柳正春风的。

万宝常患的究竟是什么病虽然无由确知，但既说是"卧疾"，当然不是外伤；既说是"饿而死"，当然不是病的胃肠。病到将死还可以起来烧书，而意识也很清明，当然不是瘟热和癫狂。我揣想他的病怕是属于呼吸系统的，或者怕就是肺结核吧。以他之专精于音乐而又贫苦劳顿，他当然冷落了他的夫人。以他之音乐奴隶的身份，他当然没有本领去满足她的物质欲望。他所有的"赍物"竟以一个女人便能窃取而逃，当然也是没有多少的。但其中或者怕有他所倚以为生命的乐器（*我相信是琵琶*）吧？那在他，怕比失掉了一个老婆还要贵重吧？他的夫人逃走了，他能够起来烧书。他假如高兴时，也尽可以起来烧饭。大约米已经是没有了，买米的钱也是没有了。没有钱，没有米，他不肯去向人赊借，与其说是邻人的无情，宁可说是万宝常的不妥协。是的,不妥协!不妥协,可以说是等于万宝常。他的尊严的自我,就在至尊的天子之前都是不肯屈抑的,难道为了几个钱,几粒米,便要去向人低头吗?他的先生祖珽在齐做到宰相,而他也没有得到解放,在这儿也可以得到说明。

他的夫人逃走了,我相信他对她不会是怎样地怀恨,即使那夫人是他所爱的人——这很有可能,因为非由父母之命,是他自己以伶人的资格找来的伴侣——她才丢了他,跟着别人逃跑了,他也不见得会怎样地怀恨。他所恨的当是忌刻他、排毁他、剽窃他的学说,使他一生陷于奴隶境遇,不准他吐气扬眉的那些权贵者、那些文化强盗、那些嫉才妒能而假充内行的有毒的臭虾蟆!是那些东西压制了他,使他贫困,使他生了病,使他连一个老婆都不能够保持,或甚至连自己最爱的一架乐器都不能够保持。在有那些强盗、臭虾蟆盘据着的世界中,他不愿意让自己的生命再来苟活,不愿意让自己所生出的精神上的儿子再来苟活,他宁肯饿死甚且至于烧书,不就是这种心事的表白,不就是对于这种强盗世界的他所能够做到的最积极的抗议吗?"何用也!"——这如意译出来,便是:这个丑恶的卑劣的世界既不能够根本推翻,就让自己的一切从这个世界上绝灭。

二

万宝常是彻底不妥协的人，他的学艺既自言是传自祖珽，那么传中记的他听从了沙门的劝告对于苏威所说的那一片诳言，绝不会是真实。那一定是苏威父子所流布出来的诬蔑，正是所谓"排毁"之一例。那些卑劣的家伙是满有那种卑劣的本领的。在这些地方我们虽不能不为作传者惋惜，选择材料未免太不谨严；然而那个诬蔑却也道着了万宝常的学艺之一面的真实性。

本来中国音乐之史的发展几乎始终是受着外来的影响。中国所固有的乐器不外是磬、籥、鼓、钟的几种，连琴瑟①都是外来的。琴瑟的输入大约是在春秋初年，因为来得过早，自秦汉以来的每一个人都视以为"国粹"了。其实琴瑟字样，在卜辞和金文中毫无影响。在《诗经》中琴瑟还是用来做恋爱媒介的摩登乐器。古人在宗庙中祀神的乐是不用琴瑟的，这些情形在《周颂》《商颂》中一查便可以知道。战国时代及其后的人所伪托的《尧典》《周礼》等用了琴瑟来祀神，那正是那些伪典所露出的马脚。秦筝、阮咸（**原名"秦汉子"或"弦鼗"**）

---

① 琴古音读Kam，与希腊语之καγωγ，亚剌伯语之gânun（均弦乐器名）为同系，盖起源于巴比伦。瑟与筝殆同出于Cabake（Nabuchad Nezzar时代之弦乐器，后称为Sambux或Sambuka）。此当别为文以考证之。

输入于秦,横笛、胡笳输入于汉,外来的乐器逐渐呈出了喧宾夺主的形势。到了南北朝和隋唐,有心人如肯把那些时代的《乐书》或《乐志》来检查一下,便可以惊叹从那时以来中国所用的乐器,为中国所固有的不及十分之一。

乐制乐论也是一样。在中国乐史上形成着中心问题的由"三分损益法"所产生的十二律,其实是在战国末年由希腊传来①而稍稍汉化了的学理。中国所固有的乐律不外是"宫商角徵羽"的五音,五音在初原有绝对的音值,战国初年的楚王《盦章钟》刻着"宫""商""翆"(羽)等字以表示钟律,便是无上的物证。有了十二律的输入,中国的律制便成为了双重化,五音便失掉了绝对的音值而成为了相对的活动的声符。

大抵中国的乐史可分为四大期。殷、周时代为古乐期,秦、汉、魏、晋为准古乐期,南北朝、隋、唐以后为胡乐期,近百年来为洋乐期。

所谓胡乐是指西域和印度的音乐。西域的音乐大多源于印度。印度在古本无胡称,然印度音乐既多间接地由西域传来,

---

① "三分损益法"者以黄钟九寸为基准,三分损一(2/3)为下生(→),三分益一(4/3)为上生(~),得如下之十二律。黄钟→林钟~太簇→南吕~姑洗→应钟~蕤宾~大吕~夷则~夹钟→无射~仲吕。此法与公元前六世纪(春秋末年)希腊丕特戈拉士(Pythagoras)之法全同。丕氏法相传得自埃及。中国之法亦必有所自,断非偶合。

故也一并被称为"胡乐"。晋室自永嘉南渡而五胡乱华,接着便有长期的南北朝的分裂,中国的北部是在胡人的统治之下。那些胡人在他们的支配者的优裕生活中,却把西域的音乐种子输入了来,在丰润的自然环境里开出了灿烂的繁花。而在南北朝的末期,和中国的政治局面由汉族支配下的南朝与异族支配下的北朝行归一统的一样,由西域传来的胡乐与前代的中国雅乐即古乐或准古乐,正在氤氲着要酿化出一个新的合成。

祖莹所造的《大成乐》,据他的儿子祖珽所说是"戎华兼采"。祖珽所造的《广成乐》是"具宫悬之器"而"杂西凉之曲"。万宝常承继了这两代而来,可以知道他的伎艺是融会华戎,正是当时的合成派。合成派不纯粹是华,也不纯粹是戎,它是更高一层阶段的统一,但它具有两方的成分,因而在过渡时期便不免要受双方的排毁。守旧者说它带戎风,骛新者说它挟华臭。祖氏两代的新乐,没有维持得长久的生命,万宝常的新乐也不为隋世所用,是时代对于合成派还没有十分成熟。在这儿《隋书·音乐志》中关于开皇乐议有一段很重要的资料,我不妨把它整录出来。

> 开皇二年,齐黄门侍郎颜之推上言:"礼崩乐坏,其来自久。今太常雅乐,并用胡声,请凭梁国旧事,考寻古

曲。"高祖不从,曰:"梁乐亡国之音,奈何遣我用耶?"是时尚因周(宇文氏)乐,命工人齐树提检校乐府,改换声律,益不能通。俄而柱国沛公郑译奏上,请更修正。于是诏太常卿牛弘、国子祭酒辛彦之、国子博士何妥等议正乐。然沦谬既久,音律多乖,积年议不定。高祖大怒曰:"我受天命七年,乐府犹歌前代功德耶?"命治书侍御史李谔引弘等下,将罪之。谔奏:"武王克殷,至周公相成王,始制礼乐。斯事体大,不可速成。"高祖意稍解。

又诏求知音之士,集尚书,参定音乐。译曰:"考寻乐府钟石律吕,皆有宫、商、角、徵、羽、变宫、变徵之名。七声之内,三声乖应,每恒求访,终莫能通。先是周武帝时,有龟兹人曰苏祗婆①,从突厥皇后入国,善胡琵琶。听其所奏,一均之中,间有七声。因而问之。答云:'父在西域,称为知音。代相传习,调有七种。'以其七调,勘校七声,冥若合符。一曰'娑陀力',华言平声,即宫声也。二曰'鸡识',华言长声,即商声也。三曰'沙识',华言质直声,即角声也。四曰'沙侯加滥',华言应声,即变徵声也。五曰'沙腊',华言应和声,即徵声也。六曰'般赡',华言五声,

---

① 梵语Sujiva,华言"妙生"。龟兹语多出自梵语,以下七调名均梵语,详林谦三著《隋唐燕乐调研究》。

即羽声也。七曰'俟利箑',华言斛牛声,即变宫声也。"译因习而弹之,始得七声之正。然其就此七调,又有五旦之名,旦作七调。以华言译之,旦者则谓均也。其声亦应黄钟、太簇、林钟、南吕、姑洗五均,已外七律,更无调声。译遂因其所捻琵琶,弦柱相饮(顾?)为均,推演其声,更立七均。合成十二,以应十二律。律有七音,音立一调,故成七调十二律,合八十四调,旋转相交,尽皆和合。仍以其声考校太乐所奏,林钟之宫,应用林钟为宫,乃用黄钟为宫;应用南吕为商,乃用太簇为商;应用应钟为角,乃取姑洗为角。故林钟一宫七声,声声[①]并戾。其十一宫七十七音,例皆乖越,莫有通者。又以编悬有八,因作八音之乐。七音之外,更立一声,谓之"应声"。译因作书二十余篇,以明其指。至是译以其书宣示朝廷,并立议正之。

这段文字在当时的音乐史上是极重要的文字,就是在中国整个音乐史上也是极重要的文字。这表示着郑译是极左派,他是极端信仰胡乐的,以胡乐的音律为正,斥当时太乐所据的高五律的音律为乖戾。八十四调实际是拜借了万宝常的"特

[①] "声声"原误为"二声",二乃重文符之讹。《通典》作"三声",乃据上"三声乖应"而改,知杜佑已误读矣。

隋代大音乐家万宝常 / 057

创",但也是由胡乐调所发展出来的新说。在当时却有不少的右派反对他。一派是苏夔,他引经据典地言中国古时只有宫商角徵羽五音,不言变宫变徵,"七调之作,所出未详"。连七调都不赞成,那八十四调更无庸说。但夔虽反对郑译的调,却赞成郑译的律。他们都以为当时的"乐府黄钟,乃以林钟为调首,失君臣之义,清乐黄钟宫,以小吕(仲吕)为变徵,乖相生之道""请雅乐黄钟宫,以黄钟为调首,清乐去小吕,还用蕤宾为变徵"。这一提议得到了大家的赞同。当时的乐府,所用的是铁尺律,和低抑的胡乐相差五律,当时的乐府黄钟(宫调)所以以林钟为调首的理由,当是胡乐的调用中国的律来翻译时所生出的龃龉。在改正上有两种办法:一种是把律降低,用铁尺律的林钟为黄钟;一种是把调提高,把林钟调首实际改为黄钟调首。他们两人本想改律,但遭了众人的反对,所被采用的是把调首提高的办法。这由万宝常讥郑译调"淫放",斥太常乐"淫厉",便可以知道。

有一派极右派是何妥。他既不懂音乐,又不谙学理,但他是隋高祖所尊敬的有学问的(?)博士。《音乐志》上说他"耻己宿儒,不逮译等,欲沮坏其事",完全以卑劣的心事而从事破坏。他也引经据典地反对,主张只用清商三调(宫调、平调、侧调),不用再事纷张。

万宝常在这时又表示了他的合成派的面目,他主张保存祖氏父子之乐。他说:

> 幼学音律,师于祖孝徵,知其上代修调古乐。周之璧翣,殷之崇牙,悬八用七,尽依周礼,备矣。所谓正声,又近前汉之乐,不可废也。

三派争论的结果,是卑劣的何妥弄了点子政治手腕,得到了一种畸形的解决。在这儿我不妨再引用《隋志》的原文,且看那位"博士"的态度是怎么的卑劣。

> 是时竟为异议,各立朋党,是非之理,纷然淆乱。或(盖是牛弘)欲令各修造,待成,择其善者而从之。妥恐乐成,善恶易见,乃请高祖张乐试之。遂先说曰:"黄钟者,以象人君之德。"及奏黄钟之调,高祖曰:"滔滔和雅,甚与我心会。"妥因陈用黄钟一宫,不假余律。高祖大悦,班赐妥等修乐者。自是译等议寝。

这段文字把何博士的暗里机关、隋高祖的假充内行,真是画得活现。正在隋高祖假充内行、洋洋得意的时候,而万宝常却毫不通方圆，严厉地竟斥之为"亡国之音"。这怎么能使那满朝的权贵放得下面子呢？世故地说时，万宝常这人实在是太不通世故。假如他那时候"聪明"得一点，也随声附和地阿谀一番，于他并不会有什么亏损，说不定还可以使他和同时的乐工如曹妙达之流封王开府。然而万宝常却不肯这样做，他要提出他自己的主张来，请以水尺定律。这样的自信之坚，自持之高，正是万宝常之所以为万宝常。然终竟受了众人的排毁，却也是当然的结果。

对于名公巨卿的郑、苏都在使用手腕的那位老狯何妥，对于万宝常所表示的态度于史籍上没有明文。我推想起来，应该是采取的最卑劣的手段——默杀。因为乐工的议论是值不得大儒一驳的。万宝常受了何妥的默杀，苏威的诬毁，然而却更受了郑译的剽窃。

我们读万宝常的传，明明见到"具论八音旋相为宫之法，改弦移柱之变，为八十四调"，为时人所称为万宝常的"特创"，而在郑译竟也有"旋转相交，尽皆和合"的八十四调的发明。郑译的八十四调自以为是根据苏祇婆七调所扩充，是由琵琶上弹出来的，而万宝常的八十四调所由调协的，实际也是琵琶。所谓"改弦移柱"本是琵琶上的用语[①]，原来就是万

---

① 可参看王光祈著《中国音乐史》上册一〇九页以下。

常所"特创"。中国的琵琶本来有两种,古时候的所谓"秦汉子",后称为"阮咸"的弦鼗,都是四弦十二柱,后改为十四柱的,本有琵琶之名。傅玄的《琵琶赋》所赋的便是这种琵琶。苏祇婆所用的琵琶是龟兹琵琶或胡琵琶,主于是四弦四柱。日本雅乐还沿用着这一种乐器。中国现今所用的琵琶四弦十四柱,是在胡琵琶身上安上了阮咸的柱制(仅十三、十四柱位置稍异),大约是南宋以来所产生出来的民族形式的合成品。在四弦四柱的琵琶上照着弦柱所固有的位置是不能够弹出八十四调的,因为声律之数有限。但如把弦推移,或用"活柱",使位置可以改换,则所缺乏的声律便可临时补出,八十四调便能运用自如。万宝常是精于审音的人,他是在这四弦四柱的琵琶上把"改弦移柱"的方法发明了出来,然而为郑译所采用了。郑译所说的"弦柱相饮(顾)"不外是"改弦移柱"的意思。

苏祇婆之入中国是在周武帝的天和三年,《周书·武帝纪》上说:"(天和三年)三月癸卯,皇后阿史那氏至自突厥",所谓"突厥皇后"便是这阿史那氏。周的天和三年当于齐的天统四年,是宝常十二三岁的时候,他的先生祖珽也还在壮年。这两位音乐的天才和苏祇婆或其音乐是有接触的可能的。而且祖珽也是琵琶的名手,《祖珽传》上说他"自解弹琵琶,能为新曲",又说"(武成)帝于后园使珽弹琵琶,和士开胡舞",能奏新曲而与胡舞相配的琵琶必然是胡琵琶。胡琵琶之输入在苏祗婆之前,后魏宣武帝时已有之。《通典》(一四二,《乐》二)言:"自宣武已后,始爱胡声,洎于迁都。屈茨琵琶、五弦、箜篌、胡箜、胡鼓、铜钹,打沙罗,胡舞,铿锵镗鞳,洪心骇耳。……琵琶及当路琴瑟殆绝音。"所谓"屈茨琵琶"便是龟兹琵琶。又《旧唐书·音乐志》言:"后魏有曹婆罗门,受龟兹琵琶于商人,世传其业,至孙妙达,尤为北齐高洋(文宣帝)所重,常自击胡鼓以和之。"《北史·恩幸传》也说:"武平时有胡小儿……曹僧奴、僧奴子妙达,以能弹胡琵琶,甚被宠遇,俱开府封王。"天统五年之后便是武平,曹妙达和祖珽、万宝常也是整整同时的。万宝常即使没有和苏祗婆相接触,龟兹琵琶的音制可由曹氏一门得其传授。以他那敏锐的音觉把龟兹所仅有的五旦三十五调扩充起来成为八十四调,尤有充分的可能。总之,《万宝常传》明明说八十四调是宝常所"特创",而《音乐志》中却爬出了郑译的八十四调来。假使两人是素未谋面,也可以有同时发现的可能,然而《本传》明明说"译等每召与议,然言多不用",不用的意见固然多,用了的当亦不少。

八十四调不显明地连特创权都被郑译用了吗？①

郑译这位名公本来是一位无赖的人物，《隋书》和《北史》上都有他的传。他与隋高祖同学，在周室的时候便私相结托，终竟帮助隋高祖把周室的帝位篡了，他便做了两朝元老。传上说他"性轻险，不亲职务，而赃货狼籍"，因此隋高祖也就疏远了他。他遭了疏远，便私下请道士来祈福，又和母亲不睦，彼此分了居，便遭了密告和宪司的弹劾，因而被除名为民。最有趣味的是那篇短短的除名诏，那颇有近人所说的"幽默"的趣味，而且也可以供奖励读经者的一段掌故，我顺便把它介绍在这儿。

> 译嘉谋良策，寂尔无闻；鬻爵卖官，沸腾盈耳。若留之于世，在人为不道之臣；戮之于朝，入地为不孝之鬼。有累幽显，无以置之。宜赐以《孝经》，令其熟读，仍遣与母共居。

后来隋高祖念到曾共患难，又恢复了译的爵位，使他参议乐事。他是在开皇十一年病死的。死时年五十二岁。

---

① 清陈澧《声律通考》曾疑郑译调出于万宝常，惜未发挥尽致。

郑译就是这样一位没有品格的人，他要剽窃万宝常的八十四调，那是丝毫也不足怪的。而且不仅八十四调是出于剽窃，就是他的"八音之乐"，于七音之外所更立的一声"应声"，也是出于剽窃。《万宝常传》上有"八音旋相为宫之法"出于万宝常"特创"，明明说的是"八音"。

考旋相为宫之说首见于《礼记·礼运》，谓"五声六律十二管，还相为宫"。于十二律配以五声之宫商角徵羽，使十二律各为宫调首一次，可得十二宫调。古时是只有宫调的，故云"还相为宫"。使宫声以外的商、角、徵、羽各可为调首，则十二律可得六十调。加上二变（变徵与变宫）成为七声，可得八十四调。然而万宝常却有"八音旋相为宫之法"，这"八音"绝不是金、石、丝、竹、匏、土、革、木的八音，是无庸说的。郑译的第八音"应声"是在宫声与商声之间，由我的一位日本朋友林谦三君根据《隋书·音乐志》大业年间所议修的一百四曲中的"宫调黄钟也，应调大吕也，商调太簇也，角调姑洗也，变徵调蕤宾也，徵调林钟也，羽调南吕也，变宫调应钟也"，把它发现了出来。"应调"便是以应声为调首之调。多此一声，在施行七律关系的转调上可以有用。例如把变徵当为应声时，便可由变徵调变为宫调。故尔在用八音旋相为宫时，于所构成的调的数目上没有变更，应调实即变形的宫调。

十二律	黄钟	大吕	太簇	夹钟	姑洗	仲吕	蕤宾	林钟	夷则	南吕	无射	应钟
变徵调		变徵	徵		羽		变宫	宫		商		角
应调		应	商		角		变徵	徵		羽		变宫
宫调	宫		商		角		变徵	徵		羽		变宫

林君发现了这应声的位置及其效用，但他却没有觉察到这应声是万宝常所发明，而为郑译所剽窃了的。郑译这名文化强盗，不孝母亲被罚读《孝经》，剽窃别人的学说不知又应该罚读哪一经了。——这是应该请"读经救国"的人斟酌一下的。

但是关于八十四调的创始者却另有异说。《五代史·乐志》下载周世宗时兵部尚书张昭的乐议云：

梁武帝素精音律，自造四通十二笛，以鼓八音。又引古五正、二变之音，旋相为宫，得八十四调，与律准所调，音同数异。侯景之乱，其音又绝。隋朝初定雅乐，群党沮议，历载不成。而沛公郑译因龟兹琵琶七音，以应月律，五正、二变，七调克谐，旋相为宫，复为八十四调。工人万宝常又减其丝数，稍令古淡。隋高祖不重雅乐，令儒官集议。博士何妥驳奏，其郑、万所奏八十四调并废。……唐太宗爱命旧工祖孝孙、张文收整比郑译、万宝常所均七音八十四调，方得丝管并施，钟石俱奏。

这把八十四调的发明归于梁武帝。但如《通典》仅言梁武帝有四通十二笛之制作，不言八十四调。《梁书》《南史》及隋唐书志均所未言，且与《万宝常传》言"宝常特创"，《音乐志》言郑译所作，尤属不符。张昭所言当是得诸讹传。张昭对于音乐本是外行，例如汉元帝时京房六十律，本是利用三分损益法把十二律细分成六十律，因六十律而得六十调（详《后汉书·律历志》）。其后刘宋的元嘉时代有太史钱乐之更引申成三百六十律，以当一年的三百六十日（详《隋书·律历志》）。凡此与"旋相为宫"之义迥不相侔，而张昭乐议却说"汉元帝时，京房……以《周官》均法，每月更用五音，乃立准调，旋相为宫，成六十调。又以日法，析为三百六十"云云。把京房的六十调认为旋宫，更把钱乐之所画的蛇足也归之于京房，这位兵部的疏忽真是有点程度。据此可知，说梁武帝创八十四调，也不过是张冠李戴而已。同时代的王朴虽然是音律专家，更把八十四调的制作归之于黄帝（同见《五代史·乐志》），那更是无庸置辩的。

总之，郑译的八十四调和应声之发明，都是由万宝常偷来的。赃证俱在，绝非诬枉。

万宝常真是万分不幸,他和一些臭博士、臭名公、臭虾蟆同时,弄得一生的心血化为乌有。他能够不愤恨吗?他要饿死,要烧书,厌世到了尽头,我们是可以充分地了解的。

三

万宝常的音乐是合成派,是新来的胡乐和旧有的古乐或准古乐结合了所产生出来的成果,也可以说是在旧乐的砧木上接活了新乐的苗条。新乐是通过了胡乐之输入期而达到了创造期。然而隋代对于这种合成性的创造还没有十分成熟。万宝常的八十四调为郑译所剽窃,固然值得同情,郑译剽窃了去也不见录用,这正是时代的限制。仅仅三十几年的短期的隋代乃至唐初都还依然是在纯粹的胡乐的支配之下。《隋书·音乐志》云:

> 始开皇初,定令置七部乐,一曰国伎(*西凉伎*),二曰清商伎,三曰高丽伎,四曰天竺伎,五曰安国伎,六曰龟兹伎,七曰文康伎。又杂有疏勒、扶南、康国、百济、突厥、新罗、倭国等伎。

除掉清商、文康二种而外都是外来。炀帝大业中的九部乐：清乐、西凉、龟兹、天竺、康国、疏勒、安国、高丽、礼毕（即文康伎），也不过大同小异。唐初因隋旧制，到了武德九年（贞观前一年）合成的机运才醇熟了。应运而起的是与祖莹、祖珽同族的祖孝孙。八十四调是由他复活了的。据《新唐书·礼乐志》，他的八十四调是十二宫调皆为正宫，正宫声之下不再有浊音。十二商调，调有一个下声是宫；十二角调，调有两个下声是宫商；十二徵调，调有三个下声是宫商角；十二羽调，调有四个下声是宫商角徵。十二变徵调在角音之后，正徵之前。十二变宫调是在羽音之后，清宫之前。今图示之如次。（变=变徵，闰=变宫）

	正声												清声									
	黄	大	太	夹	姑	仲	蕤	林	夷	南	无	应	黄	大	太	夹	姑	仲	蕤	林	夷	南	无
黄钟均	宫		商		角		变	徵		羽		闰											
大吕均		宫		商		角		变	徵		羽		闰										
太簇均			宫		商		角		变	徵		羽		闰									
夹钟均				宫		商		角		变	徵		羽		闰								
姑洗均					宫		商		角		变	徵		羽		闰							
仲吕均						宫		商		角		变	徵		羽		闰						
蕤宾均							宫		商		角		变	徵		羽		闰					
林钟均								宫		商		角		变	徵		羽		闰				
夷则均									宫		商		角		变	徵		羽		闰			
南吕均										宫		商		角		变	徵		羽		闰		
无射均											宫		商		角		变	徵		羽		闰	
应钟均												宫		商		角		变	徵		羽		闰

祖孝孙本是隋朝的乐官，由他所复活了的八十四调，当然是万宝常八十四调的绪余，张昭说他"整比郑译、万宝常所均七音八十四调"，是得着正鹄的。然而祖孝孙的律和万宝常的不同。

万宝常的律是所谓"水尺律"，《隋书·律历志》列举有十五等尺，其第十三尺便是万宝常的水尺。

> 开皇十年万宝常所造律吕水尺，实比晋前尺一尺一寸八分六厘。今太乐库及内出铜律一部，是万宝常所造，名"水尺律"。说称其黄钟律，当铁尺南吕倍声。南吕，黄钟羽也，故谓之水尺律[①]。

所谓"晋前尺"即荀勖尺，是清商律（雅乐律）的标准，是以刘歆铜斛尺为根据的。近时马衡氏据现存刘歆铜斛（亦称王莽嘉量）校定此尺合公尺〇·二三一[②]，因知水尺等于〇·二七三九六。所谓"铁尺"，是后周铁尺，是隋开皇初乃至平陈后所依据以调制钟律的，便是当时的太常律。铁尺合晋

---

① 羽在五行为水，故此云然。
② 参考马衡著《隋书律历志十五等尺》。

前尺一·〇六四，公尺〇·二四五七八。

晋前尺最短，故其音律最高，清商律的黄钟当于今西乐律之g'铁尺律则当于#f'比清商律低一律。郑译所据的龟兹琵琶律比铁尺律低五律，《隋志》所谓"以其声考校太乐所奏，林钟之宫，应用林钟为宫，乃用黄钟为宫"云云者，以图表示如次：

林钟之宫	宫		商		角	变徵	徵		羽		变宫
郑译所用胡乐律	林	夷	南	无	应	黄	大	太	夹	姑	仲	蕤
太乐所用铁尺律	黄	大	太	夹	姑	仲	蕤	林	夷	南	无	应

两者相差五律甚明。相差五律，则胡乐律黄钟当于#c'，在这儿万宝常又发挥了他的合成派的面目。他的水尺律是介在铁尺律与胡乐律二者之间，黄钟之高度在e'与#d'之间，故当于铁尺律的倍律南吕。和郑译调比较时，则万宝常之黄钟当为郑译的太簇，然而《本传》上却说宝常之声"率下郑译调二律"，那是因为郑译制调的时候受了反对，没有用胡乐律，用了铁尺律即太乐律的原故。为明了起见，再把四种律

的比作为一表。

	#c¹	d¹	#d¹	e¹	f¹	#f¹	g¹	#g¹	a¹	#a¹	b¹	c²
胡乐律	黄	大	太	夹	姑	仲	蕤	林	夷	南	无	应
水尺律	无	应	黄	大	太	夹	姑	仲	蕤	林	夷	南
铁尺律	林	夷	南	无	应	黄	大	太	夹	姑	仲	蕤
清商律	蕤	林	夷	南	无	应	黄	大	太	夹	姑	仲

万宝常的律是在胡乐律与雅乐律之间。他的律虽然始终没有被人采用，然而唐代贞观以后所采用的律和他的极其相近。《通典》（一四四）云：

> 大唐贞观中，张文收铸铜斛、秤、尺、升、合，咸得其数。诏以其副藏于乐署。至武延秀为太常卿，以为奇玩，以律与古玉尺、玉斗升合献焉。开元十七年，将考宗庙乐，有司请出之。敕惟以铜律付太常，而亡其九管。今正声有铜律三百五十六，铜斛二，铜秤二，铜瓯十四。斛左右耳与臀皆正方，积十而登，以至于斛。铭云："大唐贞观十年，岁次玄枵，月旅应钟，依新令累黍尺，定律校龠，成兹嘉量，与古玉斗相符，同律度量衡。协律郎张文收奉敕

修定。"《秤盘铭》云："大唐贞观秤，同律度量衡。"匣上有朱漆题"秤尺"二字，尺亡，其迹犹存。以今常用度量校之，尺当六之五，衡皆三之一。一斛、一秤，是文收总章年（贞观十三年后三十一二年）所造。斛正圆而小，与秤相符也。

《新唐书·礼乐志》上也说：

> 文收既定乐，复铸铜律三百六十，铜斛二……斛左右耳与臀皆方，积十而登，以至于斛，与古玉尺、玉斗同。

所谓"古玉斗""古玉尺"，是后周的玉斗、玉尺。后周玉尺，据《隋书·律历志》，合晋前尺一·一五八，合公尺〇·二六七四九，与万宝常水尺相差甚微（〇·〇〇六四七）。黄钟之高度当于e'，与水尺律相差不及半律。万宝常的律可以说是由张文收恢复了。

关于万宝常的律，《本传》上还有两句值得注意的话，是"一百四十四律，变化终于一千八声"，这是说万宝常把十二律更细分成十二倍，故为一百四十四律（$12 \times 12 = 144$），因而八十四调也成为十二倍的一千八声（$84 \times 12 = 1008$），也可以说一百四十四律依七声旋相为宫得一千八声（144×7＝1008）。原来以黄钟九寸为基准，依三分损益法由黄钟下生林钟（2／3黄钟），林钟上生太簇（4／3林钟），太簇下生南吕（2／3太簇），南吕上生姑洗（4／3南吕），姑洗下生应钟（2／3姑洗），应钟上生蕤宾（4／3应钟），蕤宾上生大吕（4／3蕤宾），大吕下生夷则（2／3大吕），夷则上生夹钟（4／3夷则），夹钟下生无射（2／3夹钟），无射上生仲吕（4／3无射）。仲吕三分益一（4／3）得八寸八分八厘弱，不能复归于黄钟。汉京房遂再施三分损益法生出了六十律，钱乐之又细分至三百六十，这为张文收所采用了。然而在实际上是永远不能复原，可以细分到无穷际。万宝常只取了一百四十四律，盖由于对十二之数感觉趣味，或则由其锐敏的听觉是实际能辨悉此律数的。

据上所述，可知万宝常的调是为祖孝孙所恢复，万宝常的律是由张文收所恢复（虽然只其近似），万宝常的音乐在贞观年间是得到了彻底的胜利的。时代对于合成艺术是充分地成熟了。编纂《隋书》的那几位大家都是贞观年间的人，他们对于万宝常都与以相当的敬意，而对于与万宝常同时的一些大博士、大官僚，何妥、苏威、郑译等，都在笔下毫不留情，我们到这儿才可以得到充分的了解。原来是他们的时代在后台为他们递送台辞。大凡一位伟大的艺术家或思想家,照例是跑过了时代,不为流俗所容。万宝常正替我们提供了一个实例。然而与他同时代的那些炙手可热的大博士、大官僚们又怎样了呢?默杀、排毁、剽窃,种种卑劣的手段又有什么效果呢?费尽了惨淡的经营,究竟把时代倒拖了几时?

然而我们可也不要误会,以为万宝常的艺术是近人所说的什么"中学为体,西学为用"的东西。万宝常生在胡乐盛行的时代,他彻底地学习了胡乐,使胡乐成为了自己的东西,更进一步于胡乐所未完备处又创生了新的寄予。他在这新的创生上利用了中国旧有的乐器、旧有的律名,在他是绝不能认为复古。他利用的是旧乐的形式,而他的精神是更高一段的发展。他是把中国的旧乐翻新,把胡乐也推进了。可叹息的是中国人中没有后继者,在唐初盛极一时的新乐,中唐以后便衰颓了下来。例如八十四调见诸实用的究不知多少,据《旧唐书·音乐志》三所云"太常旧相传有宫、商、角、徵、羽谶乐五调,歌词各一卷",则可知徵调是有的,然而据《新唐书·礼乐志》,则所存的仅七宫、七商、七角、七羽二十八调了。

凡所谓俗乐者，二十有八调：正宫，高宫，中吕宫，道调宫，南吕宫，仙吕宫，黄钟宫，为七宫；越调，大食调，高大食调，双调，小食调，歇指调，林钟商，为七商；大食角，高大食角，双角，小食角，歇指角，林钟角，越角，为七角；中吕调，正平调，高平调，仙吕调，黄钟羽，般涉调，高般涉，为七羽。

《辽史·乐志》亦列此二十八调，谓"自隋以来，乐府取其声，四旦二十八调为大乐"，这是莫须有的说法。其以"娑陀力旦"①为宫调，"鸡识旦"为商调，"沙识旦"为角调，"沙侯加滥旦"为羽调，尤其是错误。据郑译所言，"沙侯加滥"是变徵声，而"旦"则是均。到了南宋，二十八调只剩下了十八调。元、明以来的南北曲则各剩下十二宫调之名目，内容是大有改易的。更由乐器来说，如龟兹乐部是隋唐时代最主要的胡乐，兹据《隋书·音乐志》、新旧《唐书》及贞元中韦皋所造的南诏乐之龟兹部、《宋史》宋教坊的龟兹部所使用的乐器，列为一表以资比较。

---

① 原作"娑陀力"，乃字误。原文为梵语Sādhārita之对译。

隋	唐	南诏	宋
竖箜篌	竖箜篌		
琵琶	琵琶		
五弦	五弦		
笙	笙		
笛	横笛	横笛	笛
箫	箫	长短箫	
筚篥	筚篥	大小筚篥	觱篥
毛员鼓	毛员鼓（《通典》云今亡）		
都昙鼓	都昙鼓		
答腊鼓	答腊鼓	揩鼓	揩鼓
腰鼓	腰鼓	腰鼓	腰鼓
羯鼓	羯鼓	羯鼓	羯鼓
鸡娄鼓	鸡娄鼓	鸡娄鼓	鸡娄鼓
铜钹	铜钹	大铜钹	
贝	贝		
	弹筝 ⎫ 侯提鼓 ⎪ 担鼓 ⎬《新唐书》① 齐鼓 ⎭		
		贝 拍板 方响 短笛	拍板
			鏒鼓

---

① 此四乐器，林谦三云："疑是西凉伎之混入。"

随着时代的进行，虽有少数乐器的新添，却有多数的之丧失。其中有些乐器是存在着的而不见使用，大约是失掉了乐谱，更有好些连乐器都亡佚了。照现在来看时，和我们面熟的竟仅止四五种而已（龟兹琵琶四弦柱，也和现在的不同）。

在这样的乐曲乐器凋敝之余，到了近代又有更高级的西乐之输入。近代的西乐，无论乐器乐曲都比胡乐更进步。假如万宝常那样的天才是生在现代，我相信他一定会和征服了胡乐一样，要来征服西乐，便是把西乐的乐理乐制、乐器的弹奏、乐曲的编制，通同精通，把自己造到欧西的大音乐家的地位，而造出第十新凤仪（symphony）来。然而我们所听见的声浪却不同，有一派的人要恢复"国乐"，目的是要来和西乐抵抗。好像西乐是外来的强盗，"国乐"是主人，两者是完全对立着的一样。其实所谓"国乐"究竟是什么？现存胡琴、琵琶、二弦、月琴、横笛、洞箫，以及工尺的字谱，隋、唐燕乐的残调，哪一项是真正的"国乐"？胡乐输入以前的外来乐器，琴在半死状态中，瑟仅留残喘于朝鲜，筝在日本，筑已毫无影响。清商，横吹，还有存在的吗？笙竽是苗族的乐器①，律吕是希腊的乐理，如要真正地讲点"国粹"，怕只好"左手执

---

① 苗人之笙六管，每家必备，必为笙之原产处无疑。盖笙管用竹，中国北部不产竹。特笙入中原后其制大有改进。

龠,右手秉翟""伯氏吹埙,仲氏吹篪",更或者撞撞铜器时代的钟,敲敬石器时代的磬。然而编钟编磬、埙篪龠翟①都已经失传,我们现在来恢复怎样的"国乐"呢?假使琴筝,及隋、唐以来胡乐嫡系的乐器乐曲可认为"国乐",则输入了中国后的西乐又何不可认为"国乐"?要紧的是该真正把西乐克服,使西乐成为自己的细胞,成为所谓"国乐"化。分一部分的力量去保存所谓"国乐"——其实是入国籍较早的外国姑娘——也未尝不可,然而就要保存那样的"国乐",也还得吸收西乐的技艺。例如五线谱便比工尺谱高明,在保存旧有的乐曲上,五线谱是应该利用的。西乐的技艺以外的利器,如留声机,不也是保存或传播所谓"国乐"的最好的工具吗?这项工具,中国人倒早在利用,而且利用得很滥,不闻有人反对,反是"国乐家"要忌恶起洋乐来,这却不免是件奇闻。不通科学要骂科学,不通文学要骂文学,不通西乐要骂西乐,是近时的不通的人的通病。在骂之前,先且去弄通一下吧!自己不愿意去通,或没有能力去通,便客气点子让别人去通。在弄通了之后而能指摘出对象物的不完备,要在现在的阶段上造出更进一步的阶段,那不仅是我们所仰望,也会是全世界的人所仰望

---

① 翟,中国用雉羽,朝鲜所用颇类节,不知孰是。

的。无论在哪一方面,我们希望中国有第二个万宝常出来,不希望有第二个何妥、第二个苏威,就有得一两个郑译倒还可以勉强地忍耐。

末了还有一句话值得提起,便是宝常"无子",万宝常的种子在中国是绝了的。中国民族的胚形质众,音乐天才的遗传因子,该不真真是断了种罢?

一九三五年七月十三日脱稿

年　　表

陈	北周	北齐	
文帝 天嘉元年 公元 五六〇	明帝 武成二年	废帝 乾明元年 孝昭帝 皇建元年	旧梁将王琳兵败于陈,降齐。万宝常父万大通从。时万宝常盖四五岁
二　年	武帝 保定元年	武成帝 太宁元年	万宝常幼习音乐,师于祖珽,盖在此数年间。时祖珽为中书侍郎,善弹胡琵琶
三　年	二　年	河清元年	
四　年	三　年	二　年	
五　年	四　年	三　年	陈将吴明彻伐齐。齐命王琳参预御陈军事,被困于寿阳四月(自七月至十月),粮绝城陷,为吴明彻所杀

续表

六 年	五 年	后主 天统元年	万大通谋返江南,事泄伏诛。万宝常以年幼识乐,被配为乐户。事当在此后数年间
天康元年	天和元年	二 年	祖珽触武成怒被配甲坊,寻徙光州,被熏目成双盲。事当在此一二年间
废帝 光大元年	二 年	三 年	
二 年	三 年	四 年	龟兹琵琶工苏祗婆随突厥皇后阿史那氏入周
宣帝 太建元年	四 年	五 年	
二 年	五 年	后主 武平元年	武平中胡小儿曹僧奴,僧奴子妙达以能弹胡琵琶,甚被宠遇,俱封王开府。祖珽被赦,除为徐州刺史
三 年	六 年	二 年	祖珽为侍中,渐被任遇
四 年	建德元年	三 年	祖珽拜尚书左仆射
五 年	二 年	四 年	
六 年	三 年	五 年	祖珽被疏,出除为北徐州刺史。后卒于是,当在此后二三年间
七 年	四 年	六 年	
八 年	五 年	七 年	

续表

九 年	六 年	幼主 承光元年	幼主盛为无愁之乐,自弹琵琶而唱之,侍和之者以百数,人间谓之"无愁王子"。是年齐为周所灭
十 年		宣政元年	周灭齐后,万宝常入周,仍为乐工
十一年		宣帝 大成元年	(未几静帝立,改元大象)
十二年		静帝 大象二年	(翌年改元大定,二月禅位于隋)
十三年		隋 文帝 开皇元年	万宝常为乐工,历周洎隋,俱不得调
十四年		二 年	齐黄门侍郎颜推之,请修古乐,高祖不从。隋因周乐,命工人齐树提检校乐府,改换声律,益不能通 沛国公郑译请更修正。诏牛弘、辛彦之、何妥等议正乐
后主 至德元年		三 年	
二 年		四 年	乐议积年不定
三 年		五 年	
四 年		六 年	

续表

祯明元年	七 年	因乐议不定，高祖大怒，曰："我受天命七年，乐府犹歌前代功德。"欲罪牛弘等，治书侍御史李谔谏免
二 年（三年正月灭于隋）	八 年	
隋 开皇九年		正月平陈，获宋、齐旧乐，诏于太常置清商署以管之。十二月诏牛弘等议定作乐。求知音之士集尚书，参定音乐。万宝常预焉，其言多不用。郑译等初为黄钟调，万宝常以为亡国之音，请以水尺为律，得允许
十 年		万宝常造律吕水尺，损益乐器不可胜记。然为苏威等所排毁，事遂寝。万宝常既不得志，闻太常所奏乐泫然而泣。谓"乐声淫厉而哀，天下不久相杀将尽"。时四海全盛，闻者皆不谓然。事当在此后数年间，闻乐而悲泣，可知其精神已病，距其死当不远。万宝常之死当在其四十岁以前

王安石

中国产生了王安石,真是一个光荣。

在文学上,王安石是"唐宋八大家"之一。"唐宋八大家"为韩愈、柳宗元、欧阳修、苏洵、苏轼、苏辙、曾巩、王安石。严格地说,苏辙并不够格。

王安石的文章锻炼含蓄,收敛沉着,很有深度。

他爱用险仄的韵作长诗,这非有本领不能作出,可是我不大佩服他这一点,因为是出于故意做作。凡是他的短诗短文都很有味。

他的文章很见重于世,就是政见不同的反对派也不怎么反对。可是因为政见关系,为时人及后人所非难,致使他不少的著作没有传布或散佚了,是一件很可惜的事。

王安石不仅是一位政治家、文学家,而且是一个经学家、文字学家。

研究经学的有两派：一是汉儒的研究方法，如东汉时的马融、郑玄、许慎等人。如果用现在的话来说，就是他们研究学问，很有客观的态度。他们以为要读古人的书，必先了解古人的文字，然后才能了解古人的思想和学说。故汉学主张先从文字学（训诂学）入手，以实事求是的精神，将读古书的第一道难关打开，然后再去研究内容。

到了宋朝，研究学问的作风为之一变，程氏兄弟、陆氏兄弟，他们不经过文字学的阶段，以后人的知识来解释古人的文章，去寻求微言大义。他们的办法，就是凭着主观的见解去解释古人。如陆九渊说的"六经注我"，就是一个很好的例子。

我们客观地来批评，汉学虽比较客观，但过于依傍；宋学则偏于主观，依傍亦未能免除。

到了清朝，考证学发达，提倡汉学，就把宋学打破。这在第一步上可以说是正确的。乾嘉学派中的戴震、段玉裁、王念孙，皆为汉学大师。他们主张先将古代文字弄好，然后才能真正了解到古人的思想方面。

但是在清代，学说有了限制，凡是含有思想色彩的学说都不准谈，连《公羊》《穀梁》，都在被禁之例。因此一些学者就走上了支离破碎的考据的道路，就像着了迷的巫神一样，永久闭着眼睛兜圈子。

王安石研究学问的方法，与程、朱、陆等不同。他注意到文字学，著《字说》二十二卷，就是根据许慎的《说文》而作。此书后被人毁掉。其解字法有四，即形、声、义、位，与现在研究文字学的方法差不多。

王安石的时代，距现在约一千年，以现在的眼光来看他，当然可以发现他有许多不对，但他可以说是复兴汉学的先驱。他著有《书经新义》《诗经新义》《周官新义》等篇，神宗时曾公布为天下之士必读之书。前二种已不存在。《周官新义》在广东粤雅堂有残篇的辑录。

单拿文章来说，他在历史上，已足不朽。如再拿他的学问来说，他有正确的方法，而且也有相当渊博的成绩。同时，他对于国家政事并未荒疏。普通一般学者，只在书斋里打圈子，对于国家大事则不闻不问。如果真正有学问的学者，只埋头钻研一方面，而忽略了其他的事情，当然又是一说，如果又能注意学问，又关心国事的学者，那么，就格外值得我们佩服。

王安石曾研究过佛经。其友曾巩问过他，何以要研究佛经？他回答说："某自诸子百家之书，至于《难经》、《素问》、《本草》、诸小说，无所不读，农夫女工，无所不问。"从这句话里，就可以知道王氏为人与治学的态度。什么书都读，什么人都要请教。这"农夫女工，无所不问"的态度是尤其难能可贵的,决不是一般的读书人所能做到。这就是现今所说的"向老百姓学习"。这就使王安石成为了中国历史上一个伟大的政治家,有目的,有政见,有办法,有胆量。秦、汉以后的第一个大政治家恐怕要数他。他的政见,主要是由人民的立场出发,和秦、汉以来主要站在统治阶级立场的大臣们两样。

宋朝的制度本来是非常苟简的,神宗时已经危机四伏。宋神宗(赵顼)是一位奋发有为的青年皇帝,很想富国强兵。王安石为人既聪明而又有能力,二十二岁中进士,初任县知事,颇有政绩,声扬于外。熙宁元年(一〇六八),神宗召见他,就越次入对。以后帝如鱼得水,与之非常相投,即命参知政事。三年就为宰相。

王安石为相后,就雷厉风行地实行他的主张,首先设置三司条例司,调查全国的钱粮册,准备变法。其时,有些府县钱粮册三十年间未开封,可见宋政之腐败。因为贿赂风行,贿赂成功,册子可以不看。下层老百姓最苦,王安石的变法,也就是在拯救这种毛病。"榷制兼并,均济贫乏",打倒土豪劣绅,救济老百姓。此即为王安石的政治原则。他如理财方案,亦均以此为最高标准。

变法的内容:

一、青苗法——和现在的农民银行办法相似。农民无钱无种子时,可向政府借贷,年利二分,半年一分,分春秋二季归还本利。

如遇水旱荒年,可缓期还钱。不但是借贷关系,同时又可做买卖。但政府不是剥削人民,而是含有救济性质。每逢粮价涨时,政府就贱价出卖,粮价贱时,就高价收买,即"贵发贱敛"的平价方法,使囤集居奇者失去作用。此法的目的,一方面可榷制兼并,同时又救济了贫乏。资本的来源,就是常平仓中一千五百万石的谷子。

二、市易法——与青苗法差不多,而以小工商业者为对象,好像现在的国家商业银行。也借款给人民,年利二分,分二季归还。贵发贱敛,平价出卖。设立市易务(银行),有市易务官(银行行长)。京师及其他重要的都市皆设有市易务。

三、均输法——与市易法差不多,行之不久即被取消。

四、教育的改革——废科举,兴学校(与清末康梁变法的内容同)。宋以诗赋取士,官吏多无能。王安石主张培养真才实学,故首建太学,利用僧庙道观为课室,分科教授。

(一)经学科;

(二)律学科;

(三)医学科——(a)诊脉科(内科),(b)伤科(外科），(c)针科（物理治疗）；

(四)武学科（陆军大学）——教授兵法，战略战术，以训练将才。

太学生分外舍、内舍、上舍，三班。毕业后称博士。初在京师建立太学，后推广到各府路。在学校普及之前，科举以经义取士作为暂时过渡。后王安石所实行的新法皆废，而科举一法未废。科举以经义策略取士，经义流为八股，竟遗害后代。后人遂以王安石为祸首。其实王安石倒是极端厌弃科举，在一千年前便想以学校代替它的。

五、雇役法——宋朝差役制盛行，名目繁多，如衙前、户长、族长、公首、壮丁等名，人民按各家的等级去应差，政府不付役钱，这是使用农奴的办法。但亦有例外，即任官者、僧侣、道士及员外郎家中的奴婢等皆免役。因此，一般人都愿为奴或为僧侣、道士，不过欲为僧侣、道士者也不容易，要想得一张度牒，比买几十亩田还要难。有钱有势的人不役，无钱无势的人定要服役。因此弄得人人叫苦，悲剧百出。例如，老父与独子相处，独子服役，老父无依就只好自杀。又按人口服役，则又造成祖母出嫁，母子分家的惨境。王安石实行的雇役法，就是无论何人，皆有服役的义务。不愿服役者出免役钱，由政府将该钱给愿出力者服役。有钱出钱，有力出力，当时此举不失为革命的办法。

六、水利法——此为积极生产的办法,就是开辟农田水利。在王安石执政期间,疏通黄河、汴河,开垦了三十六万一千一百七十八顷荒地。当时欧阳修、苏轼等人曾反对此举。

七、方田均税法——重新丈量天下田亩,重订税额。东西南北千步见方之田定为四十一顷六十六亩一百六十步。税收分五等,副产物不收税。不准有逃税的情形。绝对不准有有田不纳税,无田要纳租的现象。

八、保甲法——十家为一保,有保长。五十家为一大保,有大保长。十大保为一都保,有正副都保长。意义有二:一为警察的意义,一为民兵制。

大保每天派二人巡逻,每晚五人出更,防止盗贼奸宄之行为。

盗三天不告者有罪,且邻保亦有罪。

宋时士兵头上皆有字,好像犯人一样,虽多而不能用,故王安石提倡民兵。从熙宁二年至熙宁九年,民兵增至七百一十八万二千零二十八人。

九、保马法——政府设立畜马监,民家愿意畜马者,政府付之一匹或二匹,或发钱与之。畜马者政府减收粮或秣,以钱补助之。国家利用民间养马供军事之用。人民不能虐待马,如骑马走三百里路者要受罚。马的肥瘠国家要检查,马死要赔偿。

一〇、政府设立军器监,即兵工厂,专门修造武器。

十一、减兵置将——增强与注意国防。在五代末年,因周柴氏颇有能力,对国防相当注意,抵抗和攻打外族。而赵匡胤就欺人孤儿寡妇,组织陈桥兵变,夺了柴氏政权,建立了宋朝帝国。在立国之初,就向辽、夏称臣纳币,等于是出钱买皇帝做。赵氏看到柴氏亡国的教训,就尽释边疆兵权,因此国防设备根本就没有。

国家养兵,主要在吸收贫民以镇压贫民。兵愈多而民愈困,兵愈多而国愈弱。宋初兵员只有二十万人,到一〇六五年左右已达到一百六十万人。南宋吕祖谦批评宋代军备有几句话很扼要:"警备于平居无事之时,屯守于阆奥至安之地……斥地与敌,守内虚外。"

王安石主张减兵置将,就是淘汰老弱残兵,另在国防要地置将增兵。在京城附近,河南一带设立了三十七将(师团),以对付东北的敌人辽。又在西北设立了四十二将以对付西夏。国内置十三将以对付异民族,防止南方敌人。共有九十二将,每将大约三千人。有二十五个指挥:马军十三个指挥,土军二个指挥,中央军十个指挥。

王安石执政八年,在此期中武功赫赫。平吐蕃,建西河郡。平川荆之蛮,驱交趾之寇,使其一蹶不振。西北攻打西夏,夺取五十二寨。朝鲜亦归附入贡。

就在王安石内政修明,武功赫赫的情形下,士大夫阶级中所谓"君子"之流者都反对他,如欧阳修、司马光、苏氏兄弟等都是。当时的人很恭维韩琦和范仲淹,且说"军中有一韩,西夏闻之心胆寒""军中有一范,西夏闻之心胆战"。

可是,韩琦究竟是一个什么样的人物呢?且看他上书弹劾王安石的内容吧,其文云:王安石不应该使敌人生疑者有七:一、不应该使朝鲜入贡;二、不应该攻西夏置熙河路;三、不应该植柳树于西山,使吐蕃的兵不能入;四、不应该注意国防、创立保甲;五、不应该修筑西北城池;六、不应该设立军器监,修理武器和战车;七、不应该设立河北三十七将。最后王安石竟以此七大罪而罢相。王罢后,神宗仍行其法。一〇八五年三月神宗逝世,十岁的小儿皇帝哲宗即位,母后高氏执政,以司马光为相,均废王氏新法,一律复旧。

哲宗后八年亲政,贬元祐党人司马光等,仍复王安石新法。仅仅六年,哲宗死后,又行旧法。此后在翻来复去的波动中，东北有女真倔起，是为金人，逐步吞并了辽人，并对宋室节节压迫，使徽宗、钦宗二帝成为俘虏，宋室被迫到南方，偏安于一隅，完全恢复了旧法。又其后元人代金而起，终于统一了中国，使宗室无处可跑，皇帝投海而死，南宋只支持了一百五十年。以前的人说宋亡于王荆公，可以说，宋之亡，实亡于司马光等人。

王安石无论如何说是一位伟大人物。他为了实行己见不害怕或顾虑什么。他不患得失。罢相后，隐居金陵城外约十年，住宅四周无墙，聊足以蔽风雨。晴日，携童游山，雇舟入城。晚年颇寂寞，其子早卒。有一次患大病，以为将死，就将自己的住宅捐给僧庙。但并未死，又另租了别人房子居住。这足证他的生活很淡泊的。

王安石的儿子王雱早卒，邵雍的儿子邵伯温说他是疯子，事实上是一位品学兼优的人。

熙宁二年八月王安石用程颢，第二年五月因政见不同，程即去职。邵伯温《闻见录》有云："荆公置条例司，初用程颢、伯淳为属。伯淳贤士，一日盛暑，荆公与伯淳对语，雱者囚首跣足，手携妇人冠以出。"

此段记载全是伪造。第一，程任职期间，根本未经盛暑，而其时王雱已中进士，在江南做官。第二，熙宁五年王雱回京时,而程又外仕,可见程颢与王雱无见面的机会。这些卑鄙无耻的人,不但骂人家父亲,还要伤害其第二代,诬说他为疯子,可见这些道学先生们的道德何在。

可是王安石的态度非常好,虽受诽谤而不介意,也不为之辩驳。其《读史有感》诗一首云:

　　自古功名亦苦辛,行藏终欲付何人?
　　当时黮暗犹承误,末俗纷纭更乱真。
　　糟粕所传非粹美,丹青难写是精神。
　　区区岂尽高贤意,独守千秋纸上尘。

于此,更足见他的崇高,也足见他的寂寞了。

〔后记〕这本是一次讲演的记录,记录得并不好,粗枝大叶,而且有好些错误的地方。因为坊间已经发表过,所以细加改正,把它收录在这儿。这是不能使我满意的。我生平崇拜荆公很想做一篇详细的研究,或写成剧本,但都没有着手。研究王荆公,有蔡上翔的《王荆公年谱考略》是最好一部书,我在此特别推荐。

一九四七年七月三日记

王阳明

险夷原不滞胸中,何异浮云过太空?
夜静海涛三万里,月明飞锡下天风。

四百一十七年前,王阳明先生三十六岁的时候,触犯了刘瑾八虎的狐威,被谪贬为龙场驿驿丞。南下至钱塘,刘瑾命腹心二人尾随,原拟途中加以暗害。聪明的阳明先生想出一条妙计出来,他把一双鞋子脱在崖头,把斗笠浮在水上,另外还作一首绝命诗,假装着他是跳钱塘江里死了。尾随他的两位小人竟信以为真,便是阳明先生的家族也信以为真,在钱塘江捞他的尸首,在江边哭吊了他一场。阳明先生投身到一只商船上向舟山出发,船在海上遇着大风,竟被飘流到福建的海崖。上面的一首诗便是咏的这回航海的事情。读者哟,我们请细细悬想吧。在明静的月夜中,在险恶的风涛上,一只孤舟在和汹涌的死神游戏，而船上的人对于目前的险状却视如浮云之过太空，这是何等宁静的精神，何等沉毅的大勇哩！孔子在陈绝粮、倚树而歌的精神会连想到，耶稣在海船上遇飓风、呼风浪静止的勇气也会连想到吧。这首诗我觉得是阳明先生一生的写照。他五十七年间在理想的光中与险恶的环境奋斗着的生涯，他努力净化自己的精神，扩大自己的精神，努力征服"心中贼"以体现天地万物一体之仁的气魄，是十足地表现在这首诗里面了。他的精神我觉得真是如像太空一样的博大，他的生涯真好像在夜静月明中乘风破浪。他是伟大的精神生活者，他是自强不息的奋斗主义者，儒家精神真能体现了的，孔子以后我恐怕只有他这个人。

我真正和王阳明接触是八年前的事情了。民国三年正月我初到日本，六月便考进东京第一高等学校，因为过于躐等躁进的缘故，在一高豫科一年毕业之后，我竟得了剧度的神经衰弱症。心悸亢进，缓步徐行时，胸部也震荡作痛，几乎不能容忍。睡眠不安，一夜只能睡三四小时，睡中犹终始为恶梦所苦。记忆力几乎全盘消失了，读书时读到第二页已忘却了前页，甚至读到第二行已忘却了前行。头脑昏瞆得不堪，炽灼得如像火炉一样。我因此悲观到尽头，屡屡有想自杀的时候。临到这样，对于精神修养的必要的呼声，才从我灵魂深处呼喊了出来。民国四年九月中旬，我在东京买了一部《王文成公全书》来诵读，不久才萌起了静坐的念头，又在坊间买了一本《冈田式静坐法》来开始静坐。我每天清早起来静坐三十分，每晚临睡时也静坐三十分，每日必读《王文成公全书》十页。如此以为常，不及两礼拜功夫，我的睡眠时间渐渐延长了，梦也减少了，心疾也渐渐平复，竟能骑马竞漕了——这是我身体上显著的功效。而在我的精神上更使我澈悟了一个奇异的世界。从前在我眼前的世界只是死的平面画，到这时候才活了起来，才成了立体。我能看出它像水晶石一样澈底玲珑。我素来欢喜读《庄子》，但我只是玩赏他的文辞，我闲却了他的意义，我也不能了解他的意义。到这时候我看透了他，我知道"道"是什么，"化"是什么了。我从此更被导引到老子，导引到孔门哲学，导引到印度哲学，导引到近世初期欧洲大陆的几位大哲学家，尤其是斯宾诺莎（Spinoza）。我就这样发现了一个八面玲珑的形而上的庄严世界。荏苒之间也就经过八年了。《王文成公全书》我在六年前就转赠了别人，静坐的工夫近来虽没有一定的时间实行，但是王文成公的精神是深深烙印在我脑里，冈田氏在脐下运气的功夫我是时时刻刻提醒着的，我的身体在同侪中还算结实，我的精神在贫困中也还能静定，这都是王文成公赐给我的。

我和王阳明先生是在这样的动机、这样的状态之下相接合的。我对于他的探讨与哲学史家状态不同，我是以澈底的同情去求身心的受用，普通的哲学史家是以客观的分析去求智欲的满足的。所以我对于王阳明先生的生涯和学问，我没有精细地分析过，我没有什么有系统的智识。现在我寄居在海外，手中书籍也没有带在身边，我也无从再来做一种客观的探讨，我现在仅就我数年间浸润之渐所得的王阳明先生的印象来叙述。我前面说过，他的一生是自强不息的奋斗主义的体现，他是伟大的精神生活者，他是儒家精神的复活者。

王阳明生于明宪宗成化八年（西历一四七二年，距今四百九十二年前）九月十三日，死于明嘉靖七年戊子（西历一四一五年）十一月二十九日。① 他一生五十七年中，就我记忆所及的，我以为可以分为三个时期：

第一期　浮夸时代（三十以前）

　　　　——任侠……骑射……词章——

第二期　苦闷时代（三十至三十九）

　　　　外的生活——病苦……流谪

---

① 此处时间疑有误。《郭沫若全集》作"王阳明生于明宪宗成化八年（西历一四七二年，距今四百五十三年前）九月三十日，死于明嘉靖七年戊子（西历一五二九年）十一月二十九日"。——编者注

内的生活——神仙……佛氏……圣贤之学

　第三期　匡济时代（四十至五十七）

　　　　——文政……武功……圣学——

他的一生中我们可以看出两个特色，便是：

（一）不断地行自我扩充，

（二）不断地和环境奋斗。

他三十年以前，所谓溺于任侠、溺于骑射、溺于词章的时代，在他的生涯中也决不是全无意义的。他的任侠气概是他淑世精神的根株，他的骑射词章是他武功圣学的工具。这单从功利上说来，他三十年间的追求已不是全无意义。更从他精神上说来，一种不可遏抑的自我扩充的努力明明是在他青春的血液中燃烧着的了。他极力想成为伟大，他便向一切技能上追求，人所一能的他想百能，人所十能的他想千能，人所百能的他想万能了。这种精神本是青年好胜的常情，然而也是超凡入圣的发轫。常人的常情，为好胜心事所迫以事追求，在他所追求的目的尚未明了时只是漠然的一种伟大欲望；俗世的名利有时被误认为"伟大"的实体而为其追求的对象。阳明幼时有一段逸事，问世上人以何者为第一？其授业师答以"进士第一"。阳明说："不然，以圣贤为第一。"我们从这段逸事看来，授业师的答案不待说是腐俗之见，然而阳明的答案也是未能免俗。

他以圣贤为第一,他是只慕的圣贤之名,他所尊重的不是"圣贤",只是"第一"。所以他一方面虽是景慕圣贤,而于别一方面却不能忘情于举业。及到他中了进士,入了宦途,俗世的功名他才渐渐不能满足。人生究竟有什么意义呢?一个伟大的烦闷,一个伟大的哑谜,前来苦恼着他了。

王阳明中进士时是二十八岁,三十岁时往江北审囚,到这时候他的肺病增剧了。三十一岁时便不得不告病归养。他从此访道求神仙,信佛,在四明山阳明洞中静坐。他在这时候常萌起厌世的念头,黑暗的死影时常来扰惑他,而他对于生之执着,不得不使他求超脱苦闷之道。他求佛求神仙正是他对于生之执着的表现呢。人生的意义究竟是什么?只是无常吗?只是苦劫吗?名利关头打破后的王阳明走到生死关头来了。他的自我甚强,他的对于生的爱执决不容许他放弃了自己的要求,他的生活途程便进而努力地和病魔奋斗,和死神奋斗。他的求佛求仙的动机正是出于积极的奋斗精神,他在道家之中求不出满足,他在佛家之中也求不出满足,那可以说是当然的结论了。道家的宇宙本是活泼的动流,体相随时转变,而他的人生哲学却导引到利己主义去了。我在《函谷关》一篇小说中(参见《创造周报》第十五期)借老聃的口来批评过他自己:

"我在这部书里《道德经》虽然恍恍惚惚地说了许多道道

德德的话，但我始终是一个利己的小人。我说过，晓得善的好处便是不善了，但我偏只晓得较权善的好处。我晓得曲所以求全，枉所以示直，所以我故作蒙聋以示彰明。我晓得重是轻根，静为躁君，所以我故意矜持，终日行而不离辎重。"

老子的学说在他根本上实在有这样的矛盾。他说的道与德可不能两立，他说的道是全无打算的活动的实体，而他说的德却全是打算的死灭的石棺。他的末流会流为申韩的刻薄，那是势所必至。至于佛氏无论他是大乘小乘，他的出发点便是否定现实，他的伦理的究竟只是清净寂灭；他是极端侮蔑肉体的宗教，决不是正常的人所能如实归依的了。佛氏出而不入，老氏入而不仁，孔氏所以异于二氏的是出而能入，入而大仁。孔氏认出天下万物之一体，而本此一体的观念，努力于自我扩充，由近而远，由下而上，横则齐家、治国、平天下，纵则赞化育、参天地、配天，四通八达，圆之又圆，这是儒家伦理的极致，要这样才能内外不悖而出入自由，要这样才真能安心立命，人才能创造出人生之意义，才不虚此一行而与大道同寿。王阳明诗有云：

大道即人心，万古未尝改。
长生在求仁，金丹非外待。

这正是澈底觉悟了后的惊人语。王阳明的根器深厚,他的不断的追求,血淋的苦闷,终竟引上了这坦坦的道路了。

儒家精神埋没于后人章句,而拘迂小儒复凝滞于小节小目而遗其大体。自汉武以后,名虽尊儒尊孔,而其实是把儒家和孔子作为幌子。后人眼目中的儒教,眼目中的孔子,也只是不识太阳的盲人意识中的铜盘了。儒家的精神,孔子的精神,透过后代注家的凹凸镜是已经歪变了的。要把这反射率不一致的凹凸镜撤去,另用一面平明的镜面来照他,然后才能见他的正体。但这样的行为是被官家禁制了的。而且积习既久,狃于常见的人竟以歪变了的虚像为如实的真容,而不更去考察生此虚像的镜面的性质了。于是崇信儒教,崇信孔子的人只是崇信一个歪斜了的影像;反对儒教,反对孔子的人也只是反对的这个歪斜了的影像。弥天都是暗云,对于暗云的赞美和诅咒的声音,于天空有何交涉呢?天空的真像要待能够拨开云雾的好手才能显现,王阳明便是这样一位好手了。王阳明所解释的儒家精神,乃至所体验的儒家精神,实在是孔门哲学的真谛。我在此且把阳明思想的梗概来撮录成如下的表式吧。

一、万物一体的宇宙观:

　　公式——"心即理"。

二、知行合一的伦理论:

公式——"去人欲，存天理"。

工夫——（一）"静坐"。

（二）"事上磨练"。

这样虽是简单的表式，但我觉得是阳明思想的全部，也便是儒家精神的全部。此处所说的"理"是宇宙的第一因原，是天，是道，是本体，是普遍永恒而变化无定的存在，所谓"亦静亦动"的存在。自其普遍永恒的静态而言谓之"诚"，《中庸》所谓"诚者天之道。……诚者物之终始"。自其变化无定的动态而言谓之"易"，《易传》所谓"生生之谓易""神无方而易无体"。名目尽管有多少不同，本体只是一个存在。这个存在混然自存，动而为万物，万物是它的表象。它是存在于万物之中，万物的流徙便是它的动态。就如水流为波，波是水的表象，水显现在波中，波的流徙便是水的动态一样。所以理不在心外，心即是理，这是王阳明的万物一体的宇宙观，也是儒家哲理万物一体的宇宙观。

天理的运行本是无善无恶，纯任自然，然其运行于自然之中有一定的秩序，有一定的历程，它不仅周而复始在做无际的轮回，而它的轮回曲线是在逐渐地前进。它在不经意之中，无所希图地化育万物。万物随天理的流行是逐渐在向着完成的路上进行。《易传》"一阴一阳之谓道，继之者善也，成之者性也"。这个"善"字是超乎相对的绝对的善。无目的无打算地随性之自然努力向完成的路上进行,这便是天行,这便是至善。"仁者见之谓之仁",这便是"天地万物一体之仁"。"智者见之谓之智",这便是"良知"。王阳明有有名的四句教义:

> 无善无恶性之体,有善有恶意之动,
> 知善知恶是良知,为善去恶是格物。

此处前两句的善恶是相对的善恶,这相对的善恶之发生是由于私欲(即占有冲动)的发生,执着于现象世界之物质欲占之为己有,于是以私欲之满足程度为标准,能够满足私欲的便是善,不能便是恶。这是相对的善恶之所由发生。但这相对的善恶观是阻碍物化之进行的,使进行之流在中途停顿,这与绝对的善(无目的无打算地随性之自然努力向完成的路上进行)对待时便成为绝对的恶。四句教义中后二句的善恶便是这绝对的善恶。知道这绝对的恶是人欲,知道这绝对的善是天理,便努力"去人欲而存天理",努力于体验"天地万物一体之仁",努力于"致良知",这便是阳明学说的知行合一的伦理了。入手工夫,一方面静坐以明知,一方面在事上磨练以求仁，不偏枯，不独善，努力于自我的完成与发展，而同时使他人的自我也一样地得到他的完成与发展——孔门的教义便在这儿，王阳明也正正见到了这儿。

王阳明他见到了，他做到了。在他三十三岁的时候，他又扶病出山。他和病魔奋斗，和自己的"心中贼"奋斗，更不得不和丑恶的环境奋斗了。刘瑾奄宦之群舞弄朝政，戴锐傅彦徽之徒直谏下狱，正义已扫地无存，而他独以铁肩担负，抗议入狱，责受庭杖四十，几至于死。这是怎样的坚毅呢？这是他三十五岁时的事。翌年赴贵州龙场谪所时，在途几为奸人所乘，幸脱而又罹风涛之险，我在劈头处已经揭示出了。我们看他的精神又是怎样的宁静，他的行为又是怎样的沉勇呢？他在龙场谪居了三年，饱尝了九死一生的经验，一直到三十九岁才被从谪所召回。他的苦闷时期从此才告一终结，以后更是他的自由施展的时期了。他的文政，他的武功，他的师道，有他的传记和文录俱存。我在前面说过，我是以求道者去亲接他，不是以史学家的态度去研究他的，我在此不愿多抄陈迹了。

总之他的一生是奋斗到底的，难治的肺痨缠绕他，险佞的奸人阻害他，使他的发展虽未能达到尽头，而当其时受他感化，受他教诲的人已经不少了。他终以肺病咯血，死于岭南，死的时候，他的弟子周积在侧。他对周积说他将要去了，周积

问他有什么遗言,他说:

> 此心光明,亦复何言。

啊,这是伟人临终时说的最后一句话,我叙述到这一句话上来,我的心尖战栗得难以忍耐了。我们再回头读他《泛海》的一诗吧,我们看他的精神是不是如像太空一样博大,他的生涯是不是如像夜静月明中的一只孤舟和险恶的风涛奋斗呢?但是他是达到光明的彼岸了!我们快把窗子推开看看那从彼岸射来的光明!我们的航海不幸是在星月掩蔽了的暗夜之中,狂暴的风把我们微微的灯火吹灭了,险恶的涛声在我们周围狞笑。伟大的灯台已经在我们的眼前了,我们快把窗子推开,吸收他从彼岸射来的光明!我们请把那《泛海》一诗,当成凯旋歌一样,同声高唱吧!

> 险夷原不滞胸中,何异浮云过太空?
> 夜静海涛三万里,月明飞锡下天风。

以上我把王阳明的生涯和学说的梗概叙述完了,觉得还有些意思没有说尽,我要再写几条附论附属在这儿。

附论一 精神文明与物质文明

东西文化之争在现在是很激烈的。欧战过后,西人精神上受莫大的打击,他们的视线便景仰到东方。"西方的物质文明破产了,东方的精神文明是救世的福音。"——这种呼声从西人叫了出来,东方人也吐气扬眉而同声相应了。但是这种声音是很盲目,是很笼统的。西方的物质文明?这是指的什么呢?这假如指的是资本主义的社会组织,这是当然破产了,或者在不久的时期内是定要破产的。假如指的是科学文明,那岂会破产,要它才真正是救济全世界的福音呢。利用厚生之道非仰之于科学不可,启发智能之途亦非仰之于科学不可。科学不仅不会在西方破产,我们还要望它来救济东方呢。东方的精神文明?这又是指的什么呢?这假如指的是否定现实的印度思想,假如要借这种思想来救济人类,这诚是出于大慈大悲,但见效太迟,倒不如多多制些绿气炮把人类打死,使人类同归于涅槃灭谛。是这样时,我们可以不必赞美印度的圣徒,我们尽可赞美德意志的军阀了。在西人看来,希伯来文明(**耶教**)也是东方的思想,但是希伯来文明不曾救济了西方。希伯来文明在它根本上也是反对进化,侮蔑肉体的,纯粹的希伯来也永不会救济人类。那么东方的精神文明是指我们中国的思想了，但是我们中国思想，在前面已经说过，是有道家与儒家的两大派别的。两派的思想虽同是肯定现实，而道家的实践伦理是我利自私，假使实行于世时，其极致与西方的资本主义制可以达到同一的结果。剩下的就只有儒家了，儒家的思想本来是出入无碍，内外如一，对于精神方面力求全面的发展，对于物质方面亦力求富庶。精神是离不开物质的，精神的教养要在富庶之后，这个为政的秩序，孔子自己是已经说过的了。那么，在我们东方人看来，在我们物质的生产力尚未丰富的时代，我们正不得不仰救于西方的科学文明呢！不过我们所应提防的地方，是要善于利用科学文明而不受资本主义的毒害。在这儿我在阳明学说中与近世欧西的社会主义寻出一致之点了。王阳明主张"去人欲而存天理"，这从社会上说来，便是废去私有制度而一秉大公了。在这儿西方文化与东方文化才可以握手，在这儿西方文化才能生出眼睛，东方文化才能魂归正宅呢。所以在我自己是信仰孔子，信仰王阳明，而同时也是信仰社会主义的。我觉得便是马克斯与列宁的人格之高洁也不输于孔子与王阳明，俄罗斯革命后的施政是孔子所说的"王道"。

附论二　新旧与文白之争

由前论所述,东西文化可以开出一条通路,而在我国目前的新旧思想之争也就可以折衷樽俎了。我的论旨是:在个人的修养上当体验儒家的精神,努力于自我扩充,以向完全的圣域,而在社会的兴革上则当依社会主义的指导,努力吸收科学文明的恩惠,使物质的生产力增加,使物质的分配平等,使各个人的精神都得以遂其全面的发展。一切都向着这个目标走去时,一切新旧的争端都可以止息了。就譬如文学上小小的文白之争,一部分人极端重视文言,其结果是凡一切新的白话的都一概摒绝(譬如章秋桐君在白话文的作者中他只晓得一个胡适);而另一部分人又极端重视白话,其结果是凡一切旧的文言的都一概不看(近代的青年很有这样的恶癖,有一派一知半解的批评家更从而怂恿)。这都是见解不全各执一偏的现象。文白只是工具,工具求其利便而已。白话文利而便,这是时会之所趋,就是孔子复生在现代,恐怕也要用白话文吧。"孔子圣之时者也",他的语录文言不见摹仿《尧典》《舜典》,他的《琴操》诸作不见涂改《清庙》《生民》,居于二十世纪的今天何苦定要学那艰深文浅陋的扬雄呢?文字的精神不在于其所表示的工具,宋儒《语录》、王阳明的《传习录》之类都是白话，我们不会说他内容的深度因白话的外形而变为浅屑。我们读书求学的目的，要在得意而忘言，得鱼而忘荃耳。如同一的意义内，凡是文言的作品都一概视为陈腐的观念也是坐地自划的。我们只求其精神，哪管它文不文、白不白呢？唯时势日新，青年所当习修的学业愈众，佶屈聱牙的古书在青年实不易理解，只徒糜费时日，为使青年有读古书的机会，把旧书加以新式标点，或把旧书演译成今言，我可极端赞成。我以为这样的事业，正可嘉惠士林不少呢。

附论三　王阳明的教育说

王阳明对于教育方面也有他独到的主张，而他的主张与近代进步的教育家学说每多一致。文集中有一篇《训蒙大意》的文字，最是阐发了儿童教育的精神。可惜我现在手中无书，我不能一一摅论，我在此只写出一点暗示来，请留心教育的人留意。他的教育是主张启迪，而不主张灌输。他同时注重体育。这是他的特色处。

附论四 静坐的工夫

静坐这项工夫在宋明诸儒是很注重的,论者多以为是从禅来,但我觉得当溯源于颜回。《庄子》上有颜回"坐忘"之说,这恐怕是我国静坐的起始。《庄子》上有许多颜回的学说,可惜被后人一概视为寓言而忽视了。庄子我觉得是颜回的弟子,孔门的微言大义有一部分是从《庄子》传下来了。这个事实我留待别的机会再论。静坐于修养上真有绝大的功劾,我很赞成朋友们静坐,我们以静坐为手段,不以静坐为目的,是与奋斗主义不相违背的。静坐本有种种方法,我现在就我自己的经验来撮述几条如下,以备有心静坐的人采法。

(一)呼吸　吸长而缓,呼短而促,宜行于不经意之间。

(二)身体部位　端正。

  头部　直对前面,眼微闭,唇微闭,牙关不相接,决不可紧咬。

  胸部　后背微圆,前胸不宜开张,心窍部宜凹下,两手叉在大腿上。

  腹部　上腹凹下,臀部向后突出到可能的地步。脚位两膝不宜并,可离开八九寸的光景。

(三)精神　全身不宜用力,力点宜注集在脐下,脑中宜无念无想，但想念不能消灭时亦不勉强抑制。

（四）时间　以午后一二时为宜，至少须坐三十分钟。地点不论，无论在事务室中也可，在电车中也可，随处都可以实行。

一九二一年①六月十七日脱稿

---

① 此处时间疑有误。《郭沫若全集》作"一九二五年"。——编者注

甲申三百年祭

甲申轮到它的第五个周期,今年是明朝灭亡的第三百周年纪念了。

明朝的灭亡认真说并不好就规定在三百年前的甲申。甲申三月十九日崇祯死难之后,还有南京的弘光、福州的隆武、肇庆的永历,直至前清康熙元年(一六六二)永历帝为清吏所杀,还经历了一十八年。台湾的抗清、三藩的反正,姑且不算在里面。但在一般史家的习惯上是把甲申年认为是明亡之年的,这倒也是无可无不可的事情。因为要限于明室来说吧,事实上它久已失掉民心,不等到甲申年,早就是仅存形式的了。要就中国来说吧,就在清朝统治的二百六十年间一直都没有亡,抗清的民族解放斗争一直都是没有停止过的。

然而甲申年总不失为一个值得纪念的历史年。规模宏大而经历长久的农民革命,在这一年使明朝最专制的王权统治崩溃了，而由于种种的错误却不幸换来了清朝的入主，人民的血泪更潜流了二百六十余年。这无论怎样说也是值得我们回味的事。

在历代改朝换姓的时候，亡国的君主每每是被人责骂的。崇祯帝可要算是一个例外，他很博得后人的同情。就是李自成《登极诏》里面也说："君非甚暗，孤立而炀灶恒多；臣尽行私，比党而公忠绝少。"不用说也就是"君非亡国之君，臣皆亡国之臣"的雅化了。其实崇祯这位皇帝倒是很有问题的。他仿佛是很想有为，然而他的办法始终是沿走着错误的路径。他在初即位的时候，曾经发挥了他的"当机独断"，除去了魏忠贤与客氏，是他最有光辉的时期。但一转眼间依赖宦官，对于军国大事的处理，枢要人物的升降，时常是朝四暮三，轻信妄断。十七年不能算是短促的岁月，但只看见他今天在削籍大臣，明天在大辟疆吏，弄得大家都手足无所措。对于老百姓呢？虽然屡次在下《罪己诏》，申说爱民，但都是口惠而实不至。《明史》批评他"性多疑而任察，好刚而尚气。任察则苛刻寡恩，尚气则急遽失措"（《明史·流贼传》）。这个论断确是一点也不苛刻的。

自然崇祯的运气也实在太坏，承万历、天启之后做了皇帝，内部已腐败不堪，东北的边患又已经养成，而在这上面更加以年年岁岁差不多遍地都是旱灾、蝗灾。二年四月二十六日,有马懋才《备陈大饥疏》,把当时陕西的灾情叙述得甚为详细,就是现在读起来,都觉得有点令人不寒而栗:

> 臣乡延安府,自去岁一年无雨,草木枯焦。八九月间,民争采山间蓬草而食。其粒类糠皮,其味苦而涩,食之仅可延以不死。至十月以后,而蓬尽矣,则剥树皮而食。诸树惟榆皮差善,杂他树皮以为食,亦可稍缓其死。迨年终而树皮又尽矣,则又掘其山中石块而食。石性冷而味腥,少食辄饱,不数日则腹胀下坠而死。民有不甘于食石而死者,始相聚为盗,而一二稍有积贮之民遂为所劫,而抢掠无遗矣……
>
> 最可悯者,如安塞城西有粪城之处,每日必弃一二婴儿于其中。有号泣者,有呼其父母者,有食其粪土者。至次晨,所弃之子已无一生,而又有弃之者矣。
>
> 更可异者,童稚辈及独行者,一出城外,便无踪迹。后见门外之人,炊人骨以为薪,煮人肉以为食,始知前之人,皆为其所食。而食人之人,亦不免数日后面目赤肿,内发燥热而死矣。于是死者枕藉,臭气熏天。县城外掘数坑,每坑可容数百人,用以掩其遗骸。臣来之时已满三坑有余,

而数里以外不及掩者,又不知其几许矣。……有司束于功令之严,不得不严为催科。仅存之遗黎,止有一逃耳。此处逃之于彼,彼处复逃之于此。转相逃,则转相为盗,此盗之所以遍秦中也。

总秦地而言,庆阳、延安以北,饥荒至十分之极,而盗则稍次之;西安、汉中以下,盗贼至十分之极,而饥荒则稍次之。(见《明季北略》卷五)

这的确是很有历史价值的文献,很扼要地说明了明末的所谓"流寇"的起源,同隶延安府籍的李自成和张献忠就是在这样的情形之下先后起来了的。

饥荒诚然是严重,但也并不是没有方法救济。饥荒之极,流而为盗,可知在一方面有不甘饿死、铤而走险的人,而在另一方面也有不能饿死、足有诲盗的物资积蓄者。假使政治是休明的,那么挹彼注此,损有余以补不足,尽可以用人力来和天灾抗衡,然而却是"有司束于功令之严,不得不严为催科"。这一句话已经足够说明:无论是饥荒或盗贼,事实上都是政治所促成的。

这层在崇祯帝自己也很明白,十年闰四月大旱,久祈不雨时的《罪己诏》上又说得多么的痛切呀:

张官设吏,原为治国安民。今出仕专为身谋,居官有同贸易。催钱粮先比火耗,完正额又欲羡余。甚至已经蠲免,悖旨私征,才议缮修,乘机自润。或召买不给价值,或驿递诡名轿抬。或差派则卖富欺贫,或理谳则以直为枉。阿堵违心,则敲扑任意。囊橐既富,则解网念工。抚按之荐劾失真,要津之毁誉倒置。又如勋戚不知厌足,纵贪横于京畿。乡宦灭弃防维,肆侵凌于间里。纳无赖为爪牙,受奸民之投献。不肖官吏,畏势而曲承。积恶衔蠹,生端而勾引。嗟此小民,谁能安枕!(《明季北略》卷十三)

这虽不是崇祯帝自己的手笔,但总是经过他认可后的文章,而且只有在他的名义下才敢于有这样的文章。文章的确是很好的。但对于当时政治的腐败认识得既已如此明了,为什么不加以彻底的改革呢?要说是没有人想出办法来吧,其实就在这下《罪己诏》的前一年(崇祯九年),早就有一位武生提出了一项相当合理的办法,然而却遭了大学士们的反对,便寝而不行了。《明季北略》卷十二载有《钱士升论李琎搜括之议》,便是这件事情:

四月,武生李琎奏:"致治在足国,请搜括臣宰助饷。"

大学士钱士升拟下之法司,不听。士升上言:"比者,借端幸进,实繁有徒。而李琎者,乃倡为缙绅豪右,报名输官,欲行手实籍没之法。此皆衰世乱政,而敢陈于圣人之前,小人无忌惮一至于此!且所恶于富者兼并小民耳。郡邑之有富家,亦贫民衣食之源也。以兵荒之故,归罪富家而籍没之,此秦始皇所不行于巴清、汉武帝所不行于卜式者也。此议一倡,亡命无赖之徒,相率而与富家为难,大乱自此始矣。"已而温体仁以上欲通言路,竟改拟。上仍切责士升,以密勿大臣即欲要誉,放之已足,毋庸汲汲。

这位李琎,在《明亡述略》作为李琏,言"李琏者,江南武生也,上书请令江南富家报名助饷",大学士钱士升加以驳斥。这位武生其实倒是很有政治的头脑,可惜他所上的"书"全文不可见,照钱士升的驳议看来,明显地他恨"富者兼并小民",而"以兵荒之故,归罪富家"。这见解倒是十分正确的,但当时一般的士大夫都左袒钱士升。钱受"切责"反而博得同情,如御史詹尔选为他抗辩,认为"辅臣不过偶因一事,代天下请命"。他所代的"天下"岂不只是富家的天下,所请的"命"岂不只是富者的命吗?已经亡了国了,而撰述《明季北略》与《明亡述略》的人,依然也还是同情钱士升的。但也幸而有他们这一片同情,连带着使李武生的言论还能有这少许的保存,直到现在。

"搜括臣宰"的目的,在李武生的原书,或者不仅限于"助饷"吧。因为既言到兵与荒,则除足兵之外尚须救荒。灾民得救,兵食有着,"寇乱"决不会蔓延。结合明朝全力以对付外患,清朝入主的惨剧也决不会出现了。然而大学士驳斥,大皇帝搁置,小武生仅落得保全首领而已。看崇祯"切责士升",浅识者或许会以为他很有志于采纳李武生的进言,但其实做皇帝的也不过采取的另一种"要誉"方式,"放之已足"而已。

崇祯帝,公平地评判起来,实在是一位十分"汲汲"的"要誉"专家。他是最爱下《罪己诏》的,也时时爱闹减膳、撤乐的玩艺。但当李自成离开北京的时候,却发现皇库扃钥如故,其"旧有镇库金,积年不用者三千七百万锭,锭皆五百(十?)两,镌有'永乐'字"(《明季北略》卷二十)。皇家究竟不愧是最大的富家,这样大的积余,如能为天下富家先,施发出来助赈、助饷,尽可以少下两次《罪己诏》,少减两次御膳,少撤两次天乐,也不至于闹出悲剧来了。然而毕竟是叫文臣作文章容易,而叫皇库出钱困难,不容情的天灾却又好像有意开玩笑的一样,执拗地和要誉者调皮。

所谓"流寇",是以旱灾为近因而发生的,在崇祯元二年间便已崛起了。到李自成和张献忠执牛耳的时代,已经有了十年的历史。"流寇"都是铤而走险的饥民,这些没有受过训练的乌合之众,在初,当然抵不过官兵,就在奸淫掳掠、焚烧残杀的一点上比起当时的官兵来更是大有愧色的。十六年,当李、张已经势成燎原的时候,崇祯帝不时召对群臣,马世奇的《廷对》最有意思:

> 今闯、献并负滔天之逆,而治献易,治闯难。盖献,人之所畏;闯,人之所附。非附闯也,苦兵也:一苦于杨嗣昌之兵,而人不得守其城垒;再苦于宋一鹤之兵,而人不得有其室家;三苦于左良玉之兵,而人之居者、行者,俱不得安保其身命矣。贼知人心之所苦,特借"剿兵安民"为辞。一时愚民被欺,望风投降。而贼又为散财赈贫,发粟赈饥,以结其志。遂至视贼如归,人忘忠义。其实贼何能破各州县,各州县自甘心从贼耳。故目前胜着,须从收拾人心始。收拾人心,须从督抚镇将约束部伍,令兵不虐民、民不苦兵始。(《明季北略》卷十九)

这也实在是一篇极有价值的历史文献,《明史·马世奇传》竟把它的要点删削了。当时的朝廷是在用兵剿寇,而当时的民间却是在望寇"剿兵"。在这剿的比赛上,起初寇是剿不过兵的,然而有一点占了绝对的优势,便是寇比兵多,事实上也就是民比兵多。在十年的经过当中,杀了不少的寇,但却增加了无数的寇。寇在"比剿"中也渐渐受到了训练,无论是在战略上或政略上。官家在征比搜括,寇家在散财发粟,战斗力也渐渐优劣易位了。到了十六年再来喊"收拾人心",其实已经迟了,而迟到了这时,却依然没有从事"收拾"。

李自成的为人,在本质上和张献忠不大相同,就是官书的《明史》都称赞他"不好酒色,脱粟粗粝,与其下共甘苦"。看他的很能收揽民心,礼贤下士,而又能敢作敢为的那一贯作风,和刘邦、朱元璋辈起于草泽的英雄们比较起来,很有过之而无不及的气概。自然,也是艰难玉成了他。他在初发难的十几年间,只是高迎祥部下的一支别动队而已。时胜时败,连企图自杀都有过好几次。特别在崇祯十一二年间是他最危厄的时候。直到十三年,在他才来了一个转机,从此一帆风顺,便使他陷北京,覆明室,几乎完成了他的大顺朝的统治。

这一个转机也是由于大灾荒所促成的。

自成在十一年大败于梓潼之后,仅偕十八骑溃围而出,潜伏于商洛山中。在这时张献忠已投降于熊文灿的麾下。待到第二年张献忠回复旧态,自成赶到谷城(湖北西北境)去投奔他,险些儿遭了张的暗算,弄得一个人骑着骡子逃脱了。接着自成又被官兵围困在巴西鱼腹诸山中,逼得几乎上吊。但他依然从重围中轻骑逃出,经过郧县、均县等地方,逃入了河南。这已经是十三年的事。在这时河南继十年、十一年、十二年的蝗旱之后,又来一次蝗旱,闹到"人相食,草木俱尽,土寇并起"(《烈皇小识》)。但你要说真的没有米谷吗?假使是那样,那就没有"土寇"了。"土寇"之所以并起,是因为没有金钱去掉换高贵的米谷,而又不甘心饿死,便只得用生命去掉换而已。——"斛谷万钱,饥民从自成者数万"(《明史·李自成传》),就这样李自成便又死灰复燃了。

这儿是李自成势力上的一个转机,而在作风上也来了一个划时期的改变。十三年后的李自成与十三年前的不甚相同,与其他"流寇"首领们也大有悬异。上引马世奇的《廷对》,是绝好的证明。势力的转变固由于多数饥民之参加,而作风的转变在各种史籍上是认为由于一位"杞县举人李信"的参加。这个人在《李自成传》和其他的文献差不多都是以同情的态度被叙述着的,想来不必一定是因为他是读书人吧。同样的读书人跟着自成的很不少,然而却没有受到同样的同情。我现在且把《李自成传》上所附见的李信入伙的事迹摘录在下边。

> 杞县举人李信者,逆案中尚书李精白子也。尝出粟赈饥民,民德之,曰:"李公子活我。"会绳伎红娘子反,掳信,强委身焉。信逃归,官以为贼,囚狱中。红娘子来救,饥民应之,共出信。
>
> 卢氏举人牛金星,磨勘被斥。私入自成军,为主谋。潜归,事泄,坐斩;已,得末减。
>
> 二人皆往投自成,自成大喜,改信名曰岩。金星又荐卜者宋献策,长三尺余。上谶记云:"十八子,主神器。"自成大悦。
>
> 岩因说曰:"取天下以人心为本,请勿杀人,收天下心。"自成从之,屠戮为减。又散所掠财物赈饥民,民受饷者,不辨岩、自成也,杂呼曰:"李公子活我。"岩复造谣词曰:"迎闯王,不纳粮。"使儿童歌以相煽。从自成者日众。

这节文字叙述在十三年与十四年之间,在《明史》的纂述者大约认为李、牛、宋之归自成是同在十三年。《明亡述略》的作者也同此见解,此书或许即为《明史》所本。

> 当是时(十三年),河南大旱,其饥民多从自成。举人李信、牛金星皆归焉。金星荐卜者宋献策,陈图谶,言"十八

子当主神器"。李信因说自成曰:"取天下以人心为本,请勿杀人,收天下心。"自成大悦,为更名曰岩,甚信任之。

然而牛、宋的归自成其实是在十四年四月,《烈皇小识》和《明季北略》,叙述得较为详细。《烈皇小识》是这样叙述着的:

> (十四年)四月,……自成屯卢氏。卢氏举人牛金星迎降,又荐卜者宋献策。献策长不满三尺,见自成,首陈图谶云:"十八孩儿兑上坐,当从陕西起兵以得天下。"自成大喜,奉为军师。

《明季北略》叙述得更详细,卷十七《牛宋降自成》条下云:

> 辛巳(十四年)四月,河南府卢氏县贡士牛金星,向有罪,当戍边。李岩荐其有计略,金星遂归自成。自成以女妻之,授以右相。或云:"金星,天启丁卯举人,与岩同年,故荐之。"金星引故知刘宗敏为将军,又荐术士宋献策。献策,河南永城人,善河洛数。初见自成,袖出一数进曰:"十八孩儿当主神器。"自成大喜,拜军师。献策面狭而长,

身不满三尺,其形如鬼,右足跛,出入以杖自扶,军中呼为宋孩儿。一云浙人,精于六壬奇门遁法及图谶诸数学。自成信之如神。余如拔贡顾君恩等,亦归自成。贼之羽翼益众矣。

牛、宋归自成之年月与《烈皇小识》所述同,宋出牛荐,牛出李荐,则李之入伙自当在宋之前。惟关于李岩入伙,《明季北略》叙在崇祯十年,未免为时过早。

李岩,河南开封府杞县人。天启七年丁卯孝廉,有文武才。弟牟,庠士。父某,进士。故世称岩为"李公子"。家富而豪,好施尚义。

时频年旱饥,邑令宋某催科不息,百姓流离。岩进曰:"暂休征比,设法赈给。"宋令曰:"杨阁部(**按指兵部杨嗣昌**)飞檄雨下,若不征比,将何以应?至于赈济饥民,本县钱粮匮乏,止有分派富户耳。"岩退,捐米二百余石。无赖子闻之,遂纠数十人哗于富室,引李公子为例,不从辄焚掠。有力者白宋令出示禁戢。宋方不悦岩,即发牒传谕:"速速解散,各图生理,不许借名求赈,恃众要挟。如违,即系乱民,严拿究罪。"饥民击碎令牌,群集署前,大呼曰:"吾辈终须饿死,不如共掠。"

宋令急邀岩议。岩曰："速谕暂免征催，并劝富室出米，减价官粜，则犹可及止也。"宋从之。众曰："吾等姑去，如无米，当再至耳。"宋闻之而惧，谓："岩发粟市恩，以致众叛。倘异日复至，其奈之何？"遂申报按察司云："举人李岩谋为不轨，私散家财，买众心以图大举。打差辱官，不容比较。恐滋蔓难图，祸生不测。乞申抚按，以戢奸宄，以靖地方。"按察司据县申文抚按，即批宋："密拿李岩监禁，毋得轻纵。"宋遂拘岩下狱。

百姓共怒曰："为我而累李公子，忍乎？"群赴县杀宋，劫岩出狱。重犯具释，仓库一空。岩谓众曰："汝等救我，诚为厚意。然事甚大，罪在不赦。不如归李闯王，可以免祸而致富贵。"众从之。岩遣弟牟率家口先行，随一炬而去。城中止余衙役数十人及居民二三百而已。

岩见自成，即劝假行仁义，禁兵淫杀，收人心以图大事。自成深然之。岩后荐同年牛金星等，归者甚众，自成兵势益强。岩遣党伪为商贾，广布流言，称自成仁义之师，不杀不掠，又不纳粮。愚民信之，惟恐自成不至，望风思降矣。

予幼时，闻贼信急，咸云"李公子乱"，而不知有李自成。及自成入京，世犹疑即李公子，而不知李公子乃李岩也。故详志之。

这是卷十三《李岩归自成》条下所述，凡第十三卷所述均崇祯十年事，作者计六奇自以李岩之归自成是在这一年了。但既言"频年旱饥"，与十年情事不相合。宋令所称"杨阁部飞檄雨下"亦当在杨嗣昌于十二年十月"督师讨贼"以后。至其卷二十三《李岩作劝赈歌》条下云：

> 李岩劝县令出谕停征，乃崇祯八年七月初四日事。又作《劝赈歌》，各家劝勉赈济，歌曰：
>
> 年来蝗旱苦频仍，嚼啮禾苗岁不登。米价升腾增数倍，黎民处处不聊生。草根木叶权充腹，儿女呱呱相向哭。釜甑尘飞爨绝烟，数日难求一餐粥。官府征粮纵虎差，豪家索债如狼豺。可怜残喘存呼吸，魂魄先归泉壤埋。骷髅遍地积如山，业重难过饥饿关。能不教人数行泪，泪洒还成点血斑。奉劝富家同赈济，太仓一粒恩无既。枯骨重教得再生，好生一念感天地。天地无私佑善人，善人德厚福长臻。助贫救乏功勋大，德厚流光裕子孙。

看这开首一句"年来蝗旱苦频仍"，便已经充分地表现了作品的年代。河南蝗旱始于十年，接着十一年、十二年、十三年均蝗旱并发。八年以前，河南并无蝗旱的记载。因此所谓"崇祯八年"断然是错误,据我揣想,大约是"庚辰年"的蠹蚀坏字,由抄者以意补成的吧。劝宋令劝赈既在庚辰年七月初四,入狱自在其后,被红娘子和饥民的劫救,更进而与自成合伙,自当得在十月左右了。同书卷十六《李自成败而复振》条下云:"庚辰(十三年)……十二月,自成攻永宁,陷之。杀万安王朱鏴(应为朱采鏴),连破四十八寨,遂陷宜阳,众至数十万。李岩为之谋主。贼每剽掠所获,散济饥民,故所至咸归附之,势益盛。"在十三年底,李岩在做自成的谋主,这倒是可能的事。

李岩无疑早就是同情于"流寇"的人,我们单从这《劝赈歌》里面便可以看出他的思想倾向。首先值得注意的是他说到"官府征粮纵虎差,豪家索债如狼豺",而却没有说到当时的"寇贼"怎样怎样。他这歌是拿去"各家劝勉"的。受了骂的那些官府豪家的虎豹豺狼,一定是忍受不了。宋令要申报他"图谋不轨",一定也是曾经把这歌拿去做了供状的。

红娘子的一段插话最为动人,但可惜除《明史》以外目前尚无考见。最近得见一种《剿闯小史》,是乾隆年间的抄本,不久将由说文社印行。那是一种演义式的小说,共十卷,一开始便写《李公子民变聚众》,最后是写到《吴平西孤忠受封拜》为止的。作者对于李岩也颇表同情,所叙事迹和《明季北略》相近，有些地方据我看来还是《明季北略》抄袭了它。《剿闯小史》本系稗官小说，不一定全据事实，但如红娘子的故事是极好的小说材料，而《剿闯小史》中也没有提到。《明史》自必确有根据，可惜目前书少，无从查考出别的资料。

其次乾隆年间董恒岩所写的《芝龛记》，以秦良玉和沈云英为主人翁的院本，其中的第四十出《私奔》也处理着李、牛奔自成的故事。这位作者却未免太忍心了，竟把李岩作为丑角，红娘子作为彩旦，李岩的"出粟赈饥"，被解释为"勉作散财之举，聊博好义之名"。正史所不敢加以诬蔑的事，由私家的曲笔，歪解得不成名器了。且作者所据也只是《李自成传》，把牛、李入伙写在一起。又写牛金星携女同逃，此女后为李自成妻，更是完全胡诌。牛金星归自成时，有他儿子生员牛诠同行，倒是事实，可见作者是连《甲申传信录》都没有参考过的。至《明季北略》所言自成以女妻金星，亦不可信。盖自成当时年仅三十四岁，应该比金星还要年青，以女妻牛诠，倒有可能。

李岩本人虽然有"好施尚义"的性格，但他并不甘心造反，倒也是同样明了的事实。你看，红娘子那样爱他，"强委身焉"了，而他终竟脱逃了，不是他在初还不肯甘心放下他举人公子的身份的证据吗?他在指斥官吏,责骂豪家,要求县令暂停征比,开仓赈饥,比起上述的江南武生李琎上书搜括助饷的主张要温和得多。崇祯御宇已经十三年了,天天都说在励精图治,而征比勒索仍然加在小民身上,竟有那样糊涂的县令,那样糊涂的巡按,袒庇豪家,把一位认真在"公忠体国"的好人和无数残喘仅存的饥民都逼成了"匪贼"。这还不够说明崇祯究竟是怎样励精图治的吗?这不过是整个明末社会的一个局部的反映而已。明朝统治之当得颠覆,崇祯帝实在不能说毫无责任。

但李岩终竟被逼上了梁山。有了他的入伙,明末的农民革命运动才走上了正轨。这是有历史的必然性。因为既有大批饥饿农民参加了,作风自然不能不改变,但也有点所谓云龙风虎的作用在里面,是不能否认的。当时的"流寇"领袖并不只自成一人,李岩不投奔张献忠、罗汝才之流,而却归服自成,倒不一定如《剿闯小史》托辞于李岩所说的"今闯王强盛,现在本省邻府"的原故。《明季北略》卷二十三叙有一段《李岩归自成》时的对话,虽然有点像旧戏中的科白,想亦不尽子虚。

> 岩初见自成,自成礼之。
> 岩曰:"久钦帐下宏猷,岩恨谒见之晚。"

>自成曰:"草莽无知,自惭菲德,乃承不远千里而至,益增孤陋兢惕之衷。"
>
>岩曰:"将军冬日在人,莫不欣然鼓舞。是以谨率众数千,愿效前驱。"
>
>自成曰:"足下龙虎鸿韬,英雄伟略,必能与孤共图义举,创业开基者也。"
>
>遂相得甚欢。

二李相见,写得大有英雄识英雄,惺惺惜惺惺之概。虽然在辞句间一定不免加了些粉饰,而两人都有知人之明,在岩要算是明珠并非暗投,在自成却真乃如鱼得水,倒也并非违背事实。在李岩入伙之后,接着便有牛金星、宋献策、刘宗敏、顾君恩等的参加,这几位都是闯王部下的要角。从此设官分治,守土不流,气象便迥然不同了。全部策划自不会都出于李岩,但,李岩总不失为一个触媒,一个引线,一个黄金台上的郭隗吧。《明季北略》卷二十三记《李岩劝自成假行仁义》,比《明史》及其他更为详细。

>自成既定伪官,即令谷大成、祖有光等,率众十万攻取河南。

李岩进曰:"欲图大事,必先尊贤礼士,除暴恤民。今虽朝廷失政,然先世恩泽在民已久,近缘岁饥赋重,官贪吏猾,是以百姓如陷汤火,所在思乱。我等欲收民心,须托仁义,扬言:'大兵到处,开门纳降者,秋毫无犯。在任好官,仍前任事。若酷虐人民者,即行斩首。一应钱粮,比原额只征一半。'则百姓自乐归矣。"

自成悉从之。

岩密遣党作商贾,四出传言:"闯王仁义之师,不杀不掠。"又编口号,使小儿歌曰:"吃他娘,穿他娘,开了大门迎闯王,闯王来时不纳粮。"又云:"朝求升,暮求合,近来贫汉难求活。早早开门拜闯王,管教大小都欢悦。"

时比年饥旱,官府复严刑厚敛。一闻童谣,咸望李公子至矣。……其父精白,尚书也,故人呼岩为"李公子"。

巡抚尚书李精白,其名见《明史·崔呈秀传》,乃崇祯初年所定逆案中"交结近侍,又次等论,徒三年,输赎为民者"一百二十九人中之一。他和客、魏"交结"的详细情形不明。明末门户之见甚深,而崇祯自己也就是自立门户的好手。除去客、魏和他们的心腹爪牙固然是应该的,但政治不从根本上去澄清,一定要罗致内外臣工数百人而尽纳诸"逆"中,而自己却仍然倚仗近侍，分明是不合道理的事。而李岩在《芝龛记》中即因父属"逆案"乃更蒙曲笔，这诛戮可谓罪及九族了。

李岩既与自成合伙，可注意的是：他虽然是举人，而所任的却是武职。他被任为"制将军"。史家说他"有文武才"，倒似乎确是事实。他究竟立过些什么军功，打过些什么得意的硬战，史籍上没有记载。但他对于宣传工作做得特别高妙，把军事与人民打成了一片，却是有笔共书的。自十三年以后至自成入北京，三四年间虽然也有过几次大战，如围开封、破潼关几役，但大抵都是"所至风靡"。可知李岩的收揽民意，瓦解官兵的宣传，千真万确的是收了很大的效果。

不过另外有一件事情也值得注意，便是李岩在牛金星加入了以后似乎已不被十分重视。牛本李岩所荐引，被拜为"天祐阁大学士"，官居丞相之职，金星所荐引的宋献策被倚为"开国大军师"，又所荐引的刘宗敏任一品的权将军，而李岩的制将军，只是二品。（此品秩系据《明季北略》，《甲申传信录》则谓"二品为副权将军，三品为制将军，四品为果毅将军"云云。）看这待遇显然是有亲有疏的。

关于刘宗敏的来历有种种说法，据上引《北略》认为是牛金星的"故知"，他的加入是由牛金星的引荐，并以为山西人（见卷二十三《宋献策及众贼归自成》条下）。《甲申传信录》则谓"攻荆楚，得伪将刘宗敏"（见《疆场裹革李闯纠众》条下）。而《明史·李自成传》却以为"刘宗敏者，蓝田锻工也"，其归附在牛、李之前。自成被围于巴西鱼腹山中时，二人曾共患难，竟至杀妻相从。但《明史》恐怕是错误了的。《明季北略》卷五《李自成起》条下引：

> 一云：自成多力善射，少与衙卒李固、铁冶刘敏政结好，暴于乡里，后随众作贼。其兵尝云：我王原是个打铁的。

以刘宗敏为锻工，恐怕就是由于有这位"铁冶刘敏政"而致误（假如《明季北略》不是讹字）。因为姓既相同，名同一字，是很容易引起误会的。

刘宗敏是自成部下的第一员骁将，位阶既崇，兵权最重，由入京以后事迹看来，自成对于他的依赖是不亚于牛金星的。文臣以牛金星为首，武臣以刘宗敏为首，他们可以说是自成的左右二膀。但终竟误了大事的，主要的也就是这两位巨头。

自成善骑射，既百发百中，他自己在十多年的实地经验中也获得了相当优秀的战术。《明史》称赞他"善攻"，当然不会是阿谀了。他的军法也很严。例如："军令不得藏白金，过城邑不得室处，妻子外不得携他妇人，寝兴悉用单布幕。……

军止,即出校骑射,曰站队。夜四鼓,蓐食以听令。"甚至"马腾入田苗者斩之"(《明史·李自成传》)。真可以说是极端的纪律之师。别的书上也说"军令有犯淫劫者,立时枭磔,或割掌,或割势"(《甲申传信录》),严格的程度的确是很可观的。自成自己更很能够身体力行。他不好色,不饮酒,不贪财利,而且十分朴素。当他进北京的时候,是"毡笠缥衣,乘乌驳马"(《李自成传》);在京殿上朝见百官的时候,"戴尖顶白毡帽,蓝布上马衣,蹑鞹靴"(《明季北略》卷二十)。他亲自领兵去抵御吴三桂和满洲兵的时候,是"绒帽蓝布箭衣"(《甲申传信录》);而在他已经称帝,退出北京的时候,"仍穿箭衣,但多一黄盖"(《明季北略》)。这虽然仅是四十天以内的事,而是天翻地覆的四十天。客观上的变化尽管是怎样剧烈,而他的服装却丝毫也没有变化。史称他"与其下共甘苦",可见也并不是不实在的情形。最有趣的当他在崇祯九年还没有十分得势的时候,"西掠米脂,呼知县边大绥曰:'此吾故乡也,勿虐我父老。'遗之金,令修文庙"(《李自成传》)。十六年占领了西安,他自己还是"每三日亲赴教场校射"(同上)。这作风也实在非同小可。他之所以能够得到民心,得到不少的人才归附,可见也决不是偶然的了。

在这样的人物和作风之下,势力自然会日见增加,而实现到天下无敌的地步。在十四、十五两年间把河南、湖北几乎全部收入掌中之后,自成听从了顾君恩的划策,进窥关中,终于在十六年十月攻破潼关,使孙传庭阵亡了。转瞬之间,全陕披靡。十七年二月出兵山西,不到两个月便打到北京,没三天工夫便把北京城打下了。这军事,真如有摧枯拉朽的急风暴雨的力量。自然,假如从整个的运动历史来看,经历了十六七年才达到这最后的阶段,要说难也未尝不是难。但在达到这最后阶段的突变上,有类于河堤决裂,系由积年累月的浸渐而溃进,要说容易也实在显得太容易了。在过短的时期之内获得了过大的成功,这却使自成以下如牛金星、刘宗敏之流,似乎都沉沦进了过分的陶醉里去了。进了北京以后,自成便进了皇宫。丞相牛金星所忙的是筹备登极大典,招揽门生,开科选举。将军刘宗敏所忙的是拶桹降官,搜括赃款,严刑杀人。纷纷然,昏昏然,大家都像以为天下就已经太平了的一样。近在肘腋的关外大敌,他们似乎全不在意。山海关仅仅派了几千兵去镇守,而几十万的士兵却屯积在京城里面享乐。尽管平时的军令是怎样严,在大家都陶醉了的时候,竟弄得刘将军"杀人无虚日,大抵兵丁掠抢民财者也"(《甲申传信录》)了。而且把吴三桂的父亲吴襄绑了来,追求三桂的爱姬陈圆圆,"不得,拷掠酷甚"(《明季北略》卷二十《吴三桂请兵始末》);虽然得到了陈圆圆,而终于把吴三桂逼反了的,却也就是这位刘将军。这关系实在是并非浅鲜。

在过分的胜利陶醉当中,但也有一二位清醒的人,而李岩便是这其中的一个。《剿闯小史》是比较同情李岩的,对于李岩的动静时有叙述。

> 贼将二十余员俱领兵在京,横行惨虐。惟制将军李岩、弘将军李牟兄弟二人,不喜声色。部下兵马三千,俱屯扎城外,只带家丁三四十名跟随,亦不在外生事。百姓受他贼害者,闻其公明,往往赴禀,颇为申究。凡贼兵闻李将军名,便稍为收敛。岩每出私行,即访问民间情弊,如遇冤屈必予安抚。每劝闯贼申禁将士,宽恤民力,以收人心。闯贼毫不介意。

这所述的大概也是事实吧。最要紧的是他曾谏自成四事,《剿闯小史》叙述到,《明季北略》也有记载,内容大抵相同,兹录从《明季北略》。

> 制将军李岩上疏谏贼四事。其略曰:
> 一、扫清六宫后,请主上退居公厂。俟工政府修葺洒扫,

礼政府择日，率百官迎请大内。次议登极大礼，选定吉期。先命礼政府定仪制，颁示群臣演礼。

一、文官追赃，除死难归降外，宜分三等。有贪污者，发刑官严追，尽产入官。抗命不降者，刑官追赃既完，仍定其罪。其清廉者，免刑，听其自输助饷。

一、各营兵马，仍令退居城外守寨，听候调遣出征。今主上方登大宝，愿以尧舜之仁自爱其身，即以尧舜之德爱及天下。京师百姓熙熙皞皞，方成帝王之治。一切军兵不宜借住民房，恐失民望。

一、吴镇（原作"各镇"，据《剿闯小史》改，下同）兴兵复仇，边报甚急。国不可一日无君，今择吉已定，官民仰望登极，若大旱之望云霓。主上不必兴师，但遣官招抚吴镇，许以侯封吴镇父子，仍以大国封明太子，令其奉祀宗庙，俾世世朝贡，与国同休。则一统之基可成，而干戈之乱可息矣。

自成见疏，不甚喜，既批疏后"知道了"，并不行。

后两项似乎特别重要：一是严肃军纪的问题，一是用政略解决吴三桂的问题。他上书的旨趣似乎是针对着刘宗敏的态度而说。刘非刑官，而他的追赃也有些不分青红皂白，虽然为整顿军纪——"杀人无虚日",而军纪已失掉了平常的秩序。特别是他绑吴襄而追求陈圆圆,拷掠酷甚的章法,实在是太不通政略了。后来失败的大漏洞也就发生在这儿,足见李岩的见识究竟是有些过人的地方的。

《剿闯小史》还载有李岩入京后的几段逸事,具体地表现他的和牛、刘辈的作风确实是有些不同。第一件是他保护懿安太后的事。

> 张太后,河南人。闻先帝已崩,将自缢。贼众已入,伪将军李岩亦河南人,入宫见之,知是太后,戒众不得侵犯。随差贼兵同老宫人以肩舆送归其母家。至是,又缢死。

这张太后据《明史·后传》,是河南祥符县人,她是天启帝的皇后,崇祯帝的皇嫂,所谓懿安后或懿安皇后的便是。她具有"严正"的性格,与魏忠贤和客氏对立,崇祯得承大统也是出于她的力量。此外贺宿有《懿安后事略》,又纪昀有《明懿安皇后外传》。目前手中无书,无从引证。

第二件是派兵护卫刘理顺的事:

> 中允刘理顺,贼差令箭传觅,闭门不应,具酒题诗。
> 妻妾阖门殉节。少顷,贼兵持令箭至,数十人踵其门。曰:"此

吾河南杞县乡绅也。居乡极善，里人无不沐其德者。奉李公子将令，正来护卫，以报厚德。"不料早已全家尽节矣。乃下马罗拜，痛哭而去。

《明季北略》有《刘理顺传》载其生平事迹甚详，晚年中状元（崇祯七年），死时年六十三岁。亦载李岩派兵护卫事，《明史·刘理顺传》（《列传》一五四）则仅言"群盗多中州人，入唁曰：'此吾乡杞县刘状元也，居乡厚德，何遽死！'罗拜号泣而去"。李岩护卫的一节却被抹杀了。这正是所谓"史笔"，假使让"盗"或"贼"附骥尾而名益显的时候，岂不糟糕！

第三是一件打抱不平的事：

河南有恩生官周某，与同乡范孝廉儿女姻家。孝廉以癸未下第，在京候选日久，资斧罄然。然值贼兵围城，米珠薪桂，孝廉郁郁成疾。及城陷驾崩，闻姻家周某以宝物贿王旗鼓，求选伪职，孝廉遂愤闷而死。其子以穷邸不能殡殓，泣告于岳翁周某。某呵叱之，且悔其亲事。贼将制将军李岩缉知，缚周某于营房，拷打三日而死。

这样的事是不会上正史的,然毫无疑问决不会是虚构。看来李岩也是在"拷打"人,但他所"拷打"的是为富不仁的人,而且不是以敛钱为目的。

他和军师宋献策的见解比较要接近些。《小史》有一段宋、李两人品评明政和佛教的话极有意思,足以考见他们两人的思想。同样的话亦为《北略》所收录,但文字多夺佚,不及《小史》完整。今从《小史》摘录:

> 伪军师宋矮子同制将军李岩私步长安门外,见先帝柩前有二僧人在旁诵经,我明旧臣选伪职者皆锦衣跨马,呵道经过。
>
> 岩谓宋曰:"何以纱帽反不如和尚?"
>
> 宋曰:"若等纱帽原是陋品,非和尚之品能超于若辈也。"
>
> 岩曰:"明朝选士,由乡试而会试,由会试而廷试,然后观政候选,可谓严核之至矣。何以国家有事,报效之人不能多见也?"
>
> 宋曰:"明朝国政,误在重制科,循资格。是以国破君亡,鲜见忠义。满朝公卿,谁不享朝廷高爵厚禄?一旦君父有难,皆各思自保。其新进者盖曰:'我功名实非容易,二十年灯窗辛苦,才博得一纱帽上头。一事未成,焉有即死之理?'

此制科之不得人也。其旧任老臣又曰：'我官居极品，亦非容易。二十年仕途小心，方得到这地位。大臣非止一人，我即独死无益。'此资格之不得人也。二者皆谓功名是自家挣来的，所以全无感戴朝廷之意，无怪其弃旧事新，而漫不相关也。可见如此用人，原不显朝廷待士之恩，乃欲责其报效，不亦愚哉！其间更有权势之家，循情而进者，养成骄慢，一味贪痴，不知孝悌，焉能忠烈？又有富豪之族，从夤缘而进者，既费白镪，思权子母，未习文章，焉知忠义？此迩来取士之大弊也。当事者，若能矫其弊而反其政，则朝无幸位，而野无遗贤矣。"

岩曰："适见僧人敬礼旧主，足见其良心不泯，然则释教亦所当崇欤？"

宋曰："释氏，本夷狄之裔，异端之教，邪说诬民，充塞仁义。不惟愚夫俗子惑于其术，乃至学士大夫亦皆尊其教而趋习之。偶有愤激，则甘披剃而避是非；忽值患难，则入空门而忘君父。丛林宝刹之区，悉为藏奸纳叛之薮。君不得而臣，父不得而子。以布衣而抗王侯，以异端而淆政教。惰慢之风，莫此为甚！若说诵经有益，则兵临城下之时，何不诵经退敌？若云礼忏有功，则君死社稷之日，何不礼忏延年？此释教之荒谬无稽，而徒费百姓之脂膏以奉之也。所当人其人而火其书，驱天下之游惰以惜天下之财费，则国用自足而野无游民矣。"

岩大以为是，遂与宋成莫逆之交。

当牛金星和宋企郊辈正在大考举人的时候，而宋献策、李岩两人却在反对制科。这些议论是不是稗官小说的作者所假托的，不得而知，但即使作为假托，而作者托之于献策与李岩，至少在两人的行事和主张上应该多少有些根据。宋献策这位策士虽然被正派的史家把他充分漫画化了，说他像猴子，又说他像鬼——"宋献策面如猿猴""宋献策面狭而长，身不满三尺，其形如鬼。右足跛，出入以杖自扶，军中呼为宋孩儿"，俱见《北略》。通天文，解图谶，写得颇有点神出鬼没，但其实这人是很有点道理的。《甲申传信录》载有下列事项：

> 甲申四月初一日，伪军师宋献策奏。……天象惨烈，日色无光，亟应停刑。

接着在初九日又载：

> 是时闻就宗敏署议事，见伪署中三院，每夹百余人，

有哀号者,有不能哀号者,惨不可状。因问宗敏:"凡追银若干?"宗敏以数对。闯曰:"天象示警,宋军师言当省刑狱。此辈夹久,宜酌量放之。"敏诺。次日诸将系者不论输银多寡,尽释之。

据这事看来,宋献策明明是看不惯牛金星、刘宗敏诸人的行动,故而一方面私作讥评,一方面又借天象示警,以为进言的方便。他的作为阴阳家的姿态出现,怕也只是一种烟幕吧。

李自成本不是刚愎自用的人,他对于明室的待遇也非常宽大。在未入北京前,诸王归顺者多受封。在入北京后,帝与后也得到礼殡,太子和永、定二王也并未遭杀戮。当他入宫时,看见长公主被崇祯砍得半死,闷倒在地,还曾叹息说道:"上太忍,令扶还本宫调理。"(《甲申传信录》)他很能纳人善言,而且平常所采取的还是民主式的合议制。《北略》卷二十载:"内官降贼者自宫中出,皆云李贼虽为首,然总有二十余人,俱抗衡不相下,凡事皆众共谋之。"这确是很重要的一项史料。据此我们可以知道,后来李自成的失败,自成自己实在不能负专责,而牛金星和刘宗敏倒要负差不多全部的责任。

像吴三桂那样标准的机会主义者,在初对于自成本有归顺之心,只是尚在踌躇观望而已。这差不多是为一般的史家所公认的事。假使李岩的谏言被采纳，先给其父子以高爵厚禄，而不是刘宗敏式的敲索绑票，三桂谅不至于"为红颜"而"冲冠一怒"。即使对于吴三桂要不客气，像刘宗敏那样的一等大将应该亲领人马去镇守山海关，以防三桂的叛变和清军的侵袭，而把追赃的事让给刑官去干也尽可以胜任了。然而事实却恰得其反。防山海关的只有几千人，庞大的人马都在京城里享乐。起初派去和吴三桂接触的是降将唐通，更不免有点类似儿戏。就这样在京城里忙了足足一个月，到吴三桂已经降清，并诱引清兵入关之后，四月十九日才由自成亲自出征，仓惶而去，仓惶而败，仓惶而返。而在这期间留守京都的丞相牛金星是怎样的生活呢？"大轿门棍，洒金扇，上贴内阁字，玉带蓝袍圆领，往来拜客，遍请同乡"（《甲申传信录》），太平宰相的风度俨然矣。

自成以四月十九日亲征，二十六日败归，二十九日离开北京，首途向西安进发。后面却被吴三桂紧紧地追着，一败于定州，再败于真定，损兵折将，连自成自己也带了箭伤。在这时河南州县多被南京的武力收复了，而悲剧人物李岩，也到了他完成悲剧的时候。

> 李岩者，故劝自成以不杀收人心者也。及陷京师，保

护懿安皇后，令自尽。又独于士大夫无所拷掠，金星等大忌之。定州之败，河南州县多反正。自成召诸将议，岩请率兵往。金星阴告自成曰："岩雄武有大略，非能久下人者。河南，岩故乡，假以大兵，必不可制。十八子之谶，得非岩乎？"因谮其欲反。自成令金星与岩饮，杀之。贼众俱解体。（《明史·李自成传》）

《明亡述略》《明季北略》《剿闯小史》都同样叙述到这件事。唯后二种言李岩与李牟兄弟二人同时被杀，而在二李被杀之后，还说到宋献策和刘宗敏的反应。

> 宋献策素善李岩，遂往见刘宗敏，以辞激之。宗敏怒曰："彼（指牛）无一箭功，敢擅杀两大将，须诛之。"由是自成将相离心，献策他往，宗敏率众赴河南。（《北略》卷二十三）

真正是呈现出了"解体"的形势。李岩与李牟究竟是不是兄弟，史料上有些出入，在此不愿涉及。献策与宗敏，据《李自成传》，后为清兵所擒，遭了杀戮。自成虽然回到了西安，但在第二年二月潼关失守，于是又恢复了从前"流寇"的姿态,窜入河南湖北,为清兵所穷追,竟于九月牺牲于湖北通城之九宫山,死时年仅三十九岁(一六〇六——一六四五)。余部归降何腾蛟,加入了南明抗清的队伍。牛金星不知所终。

这无论怎么说都是一场大悲剧。李自成自然是一位悲剧的主人,而从李岩方面来看,悲剧的意义尤其深刻。假使初进北京时,自成听了李岩的话,使士卒不要懈怠而败了军纪,对于吴三桂等及早采取了牢笼政策,清人断不至于那样快地便入了关。又假使李岩收复河南之议得到实现,以李岩的深得人心,必能独当一面,把农民解放的战斗转化而为异族侵略的战争。假使形成了那样的局势,清兵在第二年决不敢轻易冒险去攻潼关,而在潼关失守之后也决不敢那样劳师穷追,使自成陷于绝地。假使免掉了这些错误,在民族方面岂不也就可以免掉了二百六十年间为异族所宰治的命运了吗?就这样,个人的悲剧扩大而成为了民族的悲剧,这意义不能说是不够深刻的。

大凡一位开国的雄略之主,在统治一固定了之后,便要屠戮功臣,这差不多是自汉以来每次改朝换代的公例。自成的大顺朝即使成功了(假使没有外患,他必然是成功了的),他的代表农民利益的运动早迟也会变质,而他必然也会做到汉高祖、明太祖的藏弓烹狗的"德政",可以说是断无例外。然而对于李岩们的诛戮却也未免太早了。假使李岩真有背叛的举动,或拟投南明,或拟投清廷,那杀之也无可惜,但就是谗害他的牛金星也不过说他不愿久居人下而已,实在是杀得没有道理。但这责任与其让李自成来负,毋宁是应该让卖友的丞相牛金星来负。

三百年了,民族的遗恨幸已消除,而三百年前当事者的功罪早是应该明白判断的时候。从民族的立场上来说,崇祯帝和牛金星所犯的过失最大,他们都可以说是两位民族的罪人。而李岩的悲剧是永远值得回味的。

关于李岩

前年(一九四四)我曾写《甲申三百年祭》一文,关于李岩与红娘子的逸事有所叙述,颇引起读者的注意,但因参考书籍缺乏,所述亦未能详尽。

特别关于李岩,我对他有无限的同情。他以举人公子身份而终于肯投归李自成,虽说是出于贪官污吏的压迫,但在他的思想上一定是有相当的准备的。查继佐的《罪惟录》里面有极重要的这么一句:"李岩教自成以虚誉来群望,伪为均田免税之说相煽诱。"(《传三十一·李自成》)"均田"两个字是其他的资料所没有的,虽然仅只两个字,却把李岩的思想立场表示得十分明白。这足证明李岩确不是一位寻常的人物。可惜运动失败,关于这种思想上的更详细的资料,恐怕无从获得了。

无名氏《梼杌近志》中亦有李岩遗事一则,言其夫人汤氏劝李岩不得,自缢而死,死时尚有绝命词一首。这倒是绝好的戏剧或小说的材料,我把它补抄在下边。

> 崇祯末,流寇四起,绳妓红娘子乱河南,杞县举人李信(*李岩原名*)去,强委身事之。信不从,逃归。有司疑信,执下狱。红娘子来救,城中民应之,信仍归红娘子。遂与李自成约为兄弟,决意为逆。李信妻汤氏劝不听,缢于楼,面色如生,未识何时死。乃出约队,复入殓之,得绝命词一首云:"三千银界月华明,控鹤从容上玉京。夫婿背侬如意愿,悔将后约订来生。"信得诗,大恸欲绝。

这大约有所根据,不是出于虚构。即便是出于虚构,也觉得是很有趣味的材料。

吴梅村的《鹿樵纪闻》,也提到李岩、红娘子,但很简略,与《明史·李自成传》中所述无甚出入,或且即为《明史》所本。

照《梼杌近志》看来,李岩与红娘子是成为了夫妇的。红娘子的后事是怎样,可惜无从知道。近见苏北出版社的平剧《九宫山》(*击楫词人试编*),主要是根据《甲申三百年祭》改编的。作者让红娘子劫狱之后,向李岩求婚不遂,遂拔剑自刎。这虽然也是一种处理法,但觉得未免太干脆了。主要该由我负责,因为在我写《甲申三百年祭》时还没有见到《梼杌近志》。

我自己本来也想把李岩和红娘子的故事写成剧本的,酝酿了已经两年,至今还未着笔。在处理上也颇感觉困难。假使要写到李岩和牛金星的对立而卒遭谗杀,那怕是非写成上下两部不可的。

一九四六年二月十二日夜于重庆

夏完淳

上

夏完淳无疑的是一位"神童"。五岁知"五经",九岁善词赋古文,十五从军,十七殉国。不仅文辞出众,而且行事亦可惊人。在中国历史上实在是值得特别表彰的人物。

"神童"这个名称,近来不见使用了,间或在文字上称人为"天才"或"才子",差不多等于是骂人的词令。但有这种幼慧早熟的人存在,却是无可否认的事实。王安石有《伤仲永》一文,言金溪农民的儿子有名叫方仲永的,素未读书,五岁时即能写诗。在十二三岁时,王安石也见过他,也还能够作诗,虽然并不怎么好。再隔七年则"泯然众人矣",安石便为之叹息。他说:

> 仲永之通悟，受之天也。其受之天也，贤于材人远矣。卒之为众人，则其受于人者不至也。

这意思是说方仲永的早熟是因为天资高，假使再加以人力的培养，一定会比有成就的人还要大有成就。然而终竟毫无成就地成为了一般的人，那是因为人力的培养不够。

王安石不愧是一位大教育家，他这批评是异常正确的。

夏完淳和这方仲永是一样的"神童"，而夏完淳却有了异常的成就，那就是不仅因为他天资高，而同时还有充分的人力的培养了。这两位古人的存在，似乎在教育学上也是最值得宝贵的事例。

我不愿意摹仿一般轻薄的时髦论客，一动笔便要嘲笑"神童"，奚落"才子"——这样的名称我们假使不高兴就改称为"怪物"或其他的恶名都可以，但总不能否认人间世中是有这种现象的存在。这种现象在我看来实在是值得研究的一个问题。这种幼慧的人，究竟是他的资质真真有异于寻常，还是仅仅在早熟的一点上与众不同呢？方仲永没有受到教育，结果是很早的便完了。夏完淳在十七岁时便被洪承畴杀掉，假使他不早死，是不是还可能有更高更大的成就呢？这些问题是无法凭空作答的，只好等有"神童"的现象出现时，再好好用教育来证明吧。

在欧洲这种现象也很不少,如有名的大音乐家莫扎特与悲多汶,便都是异常早慧,而他们的成就也毕竟是非凡的人。照他们的例子看来,似乎"神童"或"天才"不仅是早熟一点异乎寻常,而在资质上的确也有些特异。这种现象或许可以用生物学上的"突变"来说明的吧?这是由于遗传因子的某种巧妙的配合而成的结果,如此而固定下去,在生物界中便会有新种发生。人类的进化和文化的发展,或许在这儿也可以得到它的究极的说明。"神童"种子的固定下去,在一个民族乃至人类的发展上也就该是值得注意的优生学上的问题了。

但我并没有存心要在这儿强调"神童"或"天才",我却是想重视教育在"神童"或"天才"上所有的影响。方仲永是"神童",没有受到教育,结果是牺牲了——像这样被牺牲了的农家子弟,古今来正不知道有多少。夏完淳是成功了,那是因为他具有好的家庭、好的亲眷、好的师友、好的时代,一言以蔽之,便是好的教育。

凡是知道夏完淳的人谁都知道他有一位好的父亲。

夏完淳的父亲夏允彝,字彝仲,别号瑗公。他是明末东林党流风余韵中的人物。东林讲学苏州,一时学者响应,张溥、杨廷枢等结复社于太仓,允彝与陈子龙、何刚、徐孚远、王光承等七十二人结几社于松江，同时似此小规模的结社尚所在多有。允彝以崇祯十年成进士，授福建长乐县知县，在任凡五年，县治成绩极佳。丁母忧归家，不久即遭甲申之变，痛哭累日，毁家倡义，走谒尚书史可法，与谋兴复，闻福王立于南京，乃复折返。福王监国后，不一年而为清兵所擒。其年八月允彝与沈犹龙、陈子龙等起兵松江，兵败；九月自沉于松塘而死。其绝命词云：

> 少受父训，长荷国恩。尽心报国，无愧忠贞。南都既复，犹望中兴。中兴望杳，何忍长存？……人孰无死？不泯者心。修身俟命，敬励后人。

允彝是这样有节概的人，而他的学问文章又为一时的冠冕。王鸿绪的《明史稿》说他"学务经世，历朝制度暨昭代典章，无所不谙习。独处一室，志常在天下。名既高，四方人士争走其门。书简往来，酬答无暇晷。好奖励后进，有片善，称之不容口，多因以成材"。从这段批评里尽可以看出他的为人与为学的态度了。他的著书，现存的有《幸存录》一种，评议明末政局极平允而中肯綮。

有了这样好的父亲，会有夏完淳那样好的儿子，可知绝不是偶然的事。更何况允彝对于他儿子的教育是特别留意。崇祯十年他成进士的时候，完淳仅七岁，他是把他一同带进了燕京的。钱谦益的《赠夏童子端哥》一诗，作于崇祯十一年，便是在燕京遇着夏完淳的时候作的。允彝在长乐任上的五年间，完淳也随侍在侧，有《孤雁行》一诗叙述他的感触可证。视此，可知完淳自出世以后，时时刻刻都是在他父亲的身边，有那样好的一位父亲，才能给与他以决定的影响。

完淳是庶出的，他的嫡母姓盛。这位嫡母，据所表现于完淳的诗文里面的情形看来，也是一位极好的母亲。《狱中上母书》中有云："慈君推干就湿，教礼习诗，十五年如一日。嫡母慈惠，千古所难。"

集中提到嫡母的诗有好几章，例如《怀母诗》二首，自注云："家慈弃家入道，予经乱飘泊，赋此。"所怀的是这位嫡母。《南冠草》里面《拜辞家恭人》一首，所拜辞的也是这位嫡母。足见嫡母对于他的确有甚深的慈爱，而对于他的教育，则"教礼习诗，十五年如一日"，决不会是无中生有的漫然的赞颂。

但他的生母也是一位长于文笔的人，并不是寻常的女子。他的生母姓陆，一作姓宁，有《追悼诗》一首附见《完淳集》的卷末。其诗云：

锦瑟苍凉忆旧踪,芳年行乐太匆匆。

焚香帘幕图书静,得月楼台笑语通。

人并玉壶丘壑里,才分彩笔黛螺中。

只余华表魂归去,夜夜星辰夜夜风。

这应该也是一位有才有德的女子,不愧其为夏完淳的母亲的。但集中全无关于生母的诗。被捕以后诗有《辞嫡母》《寄姊》《寄内》诸作,而亦不提到生母,不知何故。这位母亲除掉夏完淳之外还有一位女儿叫夏惠吉,在允彝死后家产已为完淳屡次起义所毁,她似乎带着这位小女儿回到娘家去了。《狱中上母书》云:"慈君托迹于空门,生母寄生于别姓。"又云:"慈君托之义融女兄,生母托之昭南女弟。"昭南即夏惠吉,义融则其姐夏淑吉了。

夏淑吉也是有数的才女,长完淳十五岁,应该是嫡母盛氏所出。她嫁给嘉定的侯家。丈夫侯文中早逝,在夏完淳死的时候她已经守了十一年的寡了。有一个儿子名侯檠,字武功,小完淳六岁,也同样的有"神童"之誉,但在顺治十年,十七岁的时候也夭折了。

嘉定侯家在《嘉定屠城记》里面是很有名的。峒曾和岐曾兄弟两人都是明朝的进士,各有子三人,称为"嘉定六侯"。

姑列表如下，以便观览：

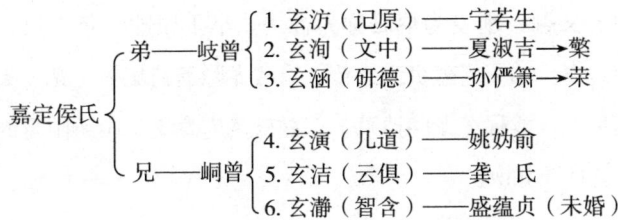

峒曾（广成）与进士黄淳耀（绳如）等在嘉定抗清起义，失败，与演、洁二子同赴叶池而死。智含亡命灵隐，不久死于僧舍。当智含亡命时，研德出官自首，顶代其从弟，此人不久亦死去。他的夫人孙俨箫也亡命，死在上海。岐曾是在二年后因为匿藏陈子龙的原故，为清兵所逼，自缢而死，其母龚氏、妾刘氏死难，妻金氏未死。侯家便剩下这长辈的一位寡妇和晚辈的三位寡妇，大都削发为尼，靠着淑吉一人撑持了。在侯夏两家既败之后，淑吉迁回松江，筑东园岁寒亭，奉母盛氏，姑金氏，与妯娌辈姚妫俞龚氏等同居。完淳《与李舒章求宽侯氏书》中有"家慈之曼云既脱，四寡同居"二语，便是说明这个情形。

淑吉颇有才干，岐曾夫妇和孙俨箫的尸首是她去收殓的。孙俨箫有一个儿子名荣，是她收来抚养的，但这个荣后来的情形是怎样，无从查考。

淑吉亦长于诗，她的别号很多，字美南，号荆隐，又号龙隐、义融，削发为尼后称为神一。卒于康熙元年壬寅，年五十六岁。弟子盛蕴贞为之传，有《龙隐斋诗集》（见《太仓府志》），或称《龙隐遗草》。兹就《完淳集》中所附见的诗若干首抄录如次：

先考功忌日三首

轻生一诀答君恩，伯道无儿总莫论。
不忍回肠思昨岁，楞严朗诵一招魂。
翻疑爱重摘人天，子女缘微各可怜。
拜慰九京无一语，花香解脱已经年。
望系安危一代尊，天涯多士昔盈门。
丘山零落无人过，夜月乌啼自断魂。

忆王庵旧游寄再生

人生聚散本浮沤，回首苍茫感昔游。
晓露未晞花力重，午阴欲定鸟声幽。
闻香小坐忘尘世，步月清言扫旧愁。
梅影横斜应似画，残英满地有谁收？

悼孙俨箫

忆昔于归纨绮丛,郎家声誉擅江东。

肃雍自叶房中乐,散朗仍归林下风。

日暖画楼彤管丽,春深珠箔麝兰通。

彩云散后空凭吊,野哭荒郊恨几重?

闺怨

碧天明月影迟迟,翠袖轻寒香露滋。

海内风尘劳客梦,江东罗绮擅文辞。

频惊桂棹回前渚,时整花钿立小墀。

子夜明灯犹未寝,鱼笺珍玩感婚诗。

她和完淳虽然并不同母,但姐弟之间的情感甚为融洽。完淳诗文中说到他这位姐姐的地方极多,《大哀赋》"非无德曜之妻,尚有文姬之姊",比之以蔡文姬。《柬荆隐女兄诗》"余也寡兄弟,独有贤女兄,周旋襁褓间,恩勤靡与京。殆将罔极齐,岂止手足情?"视之竟如同父母。此外还有好些诗,如《偶见荆隐旧庄,残英未落,余露泫然,赋示武功》二首,又如《偶与昭南女弟谈怀荆隐女兄》,均乱后之作。狱中有《寄荆隐女兄兼武功侯甥》一首,收入《南冠草》。七言律有《寄荆隐女兄》,言"黄土十年悲故友,青山八月痛孤臣",当是允彝死后,淑吉已守寡十年,而完淳十六岁时所作。五言古有《孤雁行》,所叙几全是姐弟间的感情,其作较早。

夏惠吉亦不弱。比完淳不知少若干年岁,观《狱中上母书》言"生母托之昭南女弟",大率在完淳死时,此妹至少当已十三四了。完淳尚有一妹早逝,见其《别子韶顾大妹倩》诗题下之自注"家妹早没"。以情理推之,应长于惠吉,或系盛氏所出。(然诗题乃"顾大"联文,非"大妹"联文,不可误。)昭南是惠吉的字,又号兰隐。《偶与昭南女弟谈怀荆隐女兄》诗有句云:"空谷传三隐,名闺美二南。""三隐"即荆隐、兰隐与夏完淳之别号小隐。"二南"则美南与昭南也。昭南亦能诗,有《二月雨雪,同静维栖止曹溪,并美南姊作》一首,附见《完淳集》中,其诗云:

> 天涯风雨雁飞鸣,雨雪相依倍有情。
> 点点远山寒玉映,层层深树夜珠明。
> 论心此日欢方洽,惜别他时感又生。
> 便欲随君愁未得,梅花香梦隔蓬瀛。

此妹后当适人,但与母陆氏,下落怎样,不详。

据上可见完淳一家，父母姊妹都是有气概，有才情的诗人，完淳在这样的家庭中长育起来，你想，他怎样能够不有所成就？

完淳还有一位伯父，名之旭，字元初，又字文伯，因匿藏陈子龙之故，为清吏所逼，以丁亥五月二十五日自缢于文庙颜子位旁。吴履震《五茸志逸》载其绝笔词云：

> 我于甲申春，遭先帝之变，已无意人间世矣。奈以家累牵缠，妻沈氏死于乙酉三月，于五月幼子复死，遂削发于竹篱庵。不幸八月松城破，余弟仲彝殉节。余时欲与弟同死，因孤寡幼弱，弟坚属余留看孤寡，遂觍颜视息。焚修奉佛，不入城市，不见亲友。此松郡万耳万目，不可掩也。今年四月间，忽传吴镇（胜兆）有复明之举。余曰：徒使生灵涂炭耳，遂匿迹松塘荒僻之地。一日方督耕田所，忽有宪牌坐余为陈子龙叛党。捕役先擒余次子诣私室，酷刑逼讯。余时闻知，不觉发指眦裂，欲挺身就戮。独念叛无实据，入以不赦之条，皇天后土，实鉴临之。但今之所谓叛，乃先朝之所谓忠也。彼加我以叛名，乃加我以义名耳。何妨一笑受之？有劝余者曰：土抚台公平详慎，何不出辨而遽自裁？余曰：我生平豪杰自命，今以方外自处，何等高洁？

乃囚首屈膝，求活于公府之庭，不亦羞当世而负生平耶？然不死于家而死于圣殿，幼读圣贤书而死圣贤地，之旭死于圣贤之教，非死于清朝也。为清朝之官者，苟良心不死，天理犹存，于枉死者亦一动念乎？抑余更有说焉。人寿几何？富贵幻泡。幸当事者稍存慈祥，宽释冤累，以求免于劫运循环，未必无小裨也。慈悯众生，饶舌劝化，又自笑其婆心矣。

此词与见于徐秉义《明末忠烈纪实》者颇异，徐《纪》文辞更为雅驯，末后尚附有四言诗二十四句，中有"惜哉卧子（陈子龙），何不早决"之语，似非之旭所宜出。故余意以为吴《志》实较为真切，且仓卒自缢之人，不会有尔许闲暇咬文嚼字也。

  这位伯父对于完淳的教育自然也不无影响，蔡嗣襄《事略》有云："彝仲每见余辈，必令存古陪，存古时年十二岁……席间抵掌谈烽警，及九边情形，娓娓可听。其伯父文伯止之曰：有客在座，小子何喷喷为！"据此可见这位长辈的教条是干涉主义，和彝仲的不同，但终不失为一位严正的长辈，是毫无问题的。集中有《侍伯父茅庵小憩》一首收入补遗，诗意平平，无甚可述。

其次我们来检查一下夏完淳的亲眷吧。他的亲眷，也差不多是一时的俊秀，无论男女，都很杰出。顺便先说几位能和完淳接近的女性。

上举侯玄演之妻姚妫俞，此人即能诗善画。她是江苏长洲人，字灵修。玄演死难后，依夏淑吉于曹溪，祝发为尼，改名再生，诗集有《再生遗稿》。《完淳集》中附有《仲春十五夜大人山中言旋即别写怀》诗一首，其辞云：

> 白云天末和愁低，无限情怀怨曙鸡。
> 烟柳河桥残月小，疏钟古寺晓风凄。
> 百年幻影花枝老，廿载浮生草路迷。
> 一苇江头如可折，竺乾西去待相携。

吟味这诗的情调，应该是国变后之作，再生的父亲也是入了空门的。又看"廿载浮生"句，可知再生当时仅是二十来往岁的女子。

盛蕴贞是夏淑吉的表妹，大约就是盛母的侄女。她是侯智含的未婚妻，智含死后，亦削发为尼，师事夏淑吉，法名静维，号寄竺道人，有《寄竺遗草》。《夏集》中附见其《寄兄》诗一首，今录之于次：

> 一自双亲杳，乡园不忍旋。
> 七年三见面，稚子渐齐肩。
> 梦断燕山月，春归海树烟。
> 书来能念我，三复《鹡鸰篇》。

又有《赠圣幢》诗一首，圣幢不知何许人。其诗云：

> 自是闺中彦，超然物外华。
> 心能同水月，骨自带烟霞。
> 翠长真如竹，黄开般若花。
> 寄言刘越石，应识赵州茶。

淑吉死后，蕴贞为之立传。又其未婚夫智含死时，蕴贞曾著《怀湘赋》。智含死时年二十，蕴贞亦必上下年纪。传与赋俱不可见，但其长于文笔，而冰操凛然，固毫无疑问。

完淳很早便结了婚，其夫人钱秦篆，长完淳一岁，乃嘉善钱栴之女。钱家亦当时望族，父子均以诗名，但秦篆是否能诗，无可考见。此人似甚贤淑，《狱中上母书》中有云："新妇结褵二年，贤孝素著。"又《遗夫人书》有云："虽德曜齐眉，未可相喻，贤淑和孝，千古所难。"屡以贤孝相称，并屡以德曜（孟光）为比，足见这位夫人一定是一位家庭式的妇女。《南冠草》中有《寄内》一首云：

> 忆昔结褵日，正当擐甲时。
> 门楣齐阀阅，花烛夹旌旗。
> 问寝谈忠孝，同袍学唱随。
> 九原应待汝，珍重腹中儿。

他们结婚时只有十四五岁，而且是在兵荒马乱之中举行的花烛，很明显地是为的立后。诗中谈到"忠孝"，谈到"唱随"，但没有谈到文墨上的事情。这位秦篆夫人和其他几位能与完淳接近的女性比较，是另外一个型，大约是不成问题的。

结婚后不久，秦篆就回到了嘉善的母家。《遗夫人书》云："三月结褵，便遭大变，而累淑女，相依外家。"即其证。嘉善的钱家也是望族，所谓"门楣齐阀阅"，是没有夸张的。

秦篆的父亲钱栴，字彦林，是和完淳同日死难的人，但他的死难却是受了他女婿的感化。《绍兴府志》称"其性豪逸，丝竹满堂"，可见此人相当浪漫。有一个故事，当夏完淳随他的父亲赴长乐县任的时候，路过嘉善，叩见丈人。他问他的丈人："今日世局如此，不知丈人所重何事？所读何书？"这可弄得钱彦林有点张皇失措，他没有想到一位十一岁的童子，竟公然问出了这样大的问题，于是只好含糊地说："我的所重所学，和令尊差不多。"后来在被洪承畴审讯的时候，他也有泄气的地方，又受了完淳的一番激励，算得以同时死难，全了晚节。他的夫人徐氏却很节烈，闻彦林死难，沉水而殉。

彦林有两个儿子也都是才人，长于完淳，和完淳均很相得。长子钱熙，字漱广，和他父亲的性情颇为两样，父亲尽管是"丝竹满堂"，而他却是"焚香纵帙，如无所睹闻"。长于诗文，完淳有《五子诗》追忆其亡友五人，熙居其一。有《青楼篇与漱广同赋》，所赋者《桃花扇》之女主人翁秦淮名妓李香君。余怀《板桥杂记》有一则云：

> 李香年十三，侠而慧……尤工琵琶，与雪苑侯朝宗善。阉人阮大铖欲纳交于朝宗，香力谏止。朝宗去后，有故开府田仰，以重金邀致香。香辞曰："妾不敢负侯公子也。"卒不往。大铖恨朝宗，罗致欲杀之，朝宗逃而免。云间才子夏灵胥作《青楼篇》寄武塘钱漱广。

所谓"夏灵胥"即是夏完淳了。（《完淳全集》注引作"夏灵首"，恐误。）又有《杨柳怨和钱大揖石》。"揖石"当亦漱广之号。集中关系漱广之诗颇多,此外有《春兴八首同钱大作》(七律)、《得东报怀漱广》、《花朝约漱广游邹仲坚园亭阻风雨有作》数首。漱广早卒,年二十七,有《思存集》。除《五子诗》中有追忆诗一首之外,尚有《得漱广讣》、《吊漱广至西塘有述》及《绝句十八首》,其题为:

> 钱漱广为余内兄,丰姿玉立,神采骏扬,纲纪翼修,百行具备。天假以年,且有为以死。哲人云亡,邦国殄瘁,哀哉。得绝句十八首,短歌之悲过于长号,非有情者不足以语此。

哭之甚哀,大率在同辈中完淳所最佩服的是这位钱漱广和他的姐丈侯文中,十八首中的前两首均以钱、侯并提而再说到自己,大有鼎足而三之意。

> 嵇阮当年二酒徒,河山邈隔限黄垆。
> 自从两哭钱侯后,天地伤心一剑孤。

"钱"即钱漱广,又据其自注"侯为家姊倩文中"。

九年地下文中子，人世风流只属君。

今日伤心惟我在，夜台何日共论文？

据"九年地下"语，可知漱广之死后于文中九年，当在甲申，时完淳仅十四岁。其第十五首有"千古文章未尽才"之语，足见推崇与哀悼之深，然亦不幸而等于"自道"。

又有一绝句，题云："漱广有外舍云英者，乱后嫁人，感伤不置，代为赋之。"有"侬未成名欢已嫁"之语，则漱广亦一风流种子也。

彦林之次子为钱默，字不识，八九岁即能诗文。崇祯癸未进士，知嘉定县。《嘉定屠城记》中写此人颇软弱，言其弃官而逃。后削发入黄山，法名成回，号霜华道人，诗有《吹箫集》。《完淳集》中有关此人之诗亦屡见，如《春雪怀不识》，中有句云："昔也宾客满，丝竹起君欢。今也身茕茕，鸡鸣斗阑干。"知是乱后之作，把不识刻画得似乎大有父风。《寒食杂作同钱二不识赋四首》，自注"末章兼赠不识"，亦乱后之作，其次章有"今古文章多薄命，江关词赋半招魂"之语。

钱氏父子之外尚有钱栴，字仲驭，崇祯进士，曾为吏部郎中，国难后破家起义于太湖，亦与完淳同日死难。此人为钱彦林之从兄,在完淳为父执辈。且与完淳为同志,固毫无可疑。

又集中有《感旧步仲芳先生韵六首》,仲芳为钱棻,盖亦彦林之兄弟行,崇祯壬午进士。性嗜学,晚年闭户谢客,著书于大条山。《感旧诗》亦乱后之作,有"江南一片伤心月,多少琵琶马上弹"之语。此人对于完淳当亦不无影响。

尚有钱黯,字长儒者,与钱熙钱默为兄弟行,唯不知是否彦林之子。此人于顺治乙未成进士,授池州推官,以挂误罢免。肆力于经史百家,兼长书画。《完淳集》中有《钱长儒三春卧病,合卺而起,诗以嘲之》一首。其在钱氏弟兄中自亦有文彩者,奈志趣不坚,出仕清朝而复挂误,宜乎完淳早有"嘲之"之作也。

上面已经提到的嘉定六侯除记原一人殁早卒外,余五人均长于文笔,与完淳也均有翰墨缘。

文中为完淳姊丈,且最为其心服之人,《五子诗》中之一子也。有序,云:

> 丧乱之余,亲朋凋谢,平生风谊兼师友者五人焉。短歌击节,仿佛若人。挥泪山河,流连系之矣。

然因文中死时,完淳尚幼,仅六七岁,故集中,除此诗外,它无所见。文中之子武功为完淳之甥,完淳期待之甚殷,集中屡见其名。《狱中上母书》竟以身后事相托。然其时武功仅十一岁。武功亦十七岁而夭,有诗一首附见《完淳集》,甚平常而显稚弱,殆幼作也。

酬别徐介白

沧江倚櫂且高歌,游子衔杯意若何?
乱后飘零亲戚少,天涯踪迹别离多。
已悲杨柳愁中折,况遇宾鸿客里过。
握手相期须努力,风尘十载莫蹉跎。

关于其他四侯之诗在集中有《忆侯几道云俱兄弟》,有《寄研德》,有《四月七日寄研德武功叔侄》,有《九日大风雨同智含夜饮》,有《赠徐似之侯智含》,有《秋日避难嶅东(嘉定)柬智含》。又《与李舒章求宽侯氏书》中有"侯忠烈(峒曾)九列大臣,一门毕命。……寡妻饮恨而归泉,孤子伤心而寄食。……龚恭人(峒曾之母)耄耋之年,含辛垂绝。智含兄零丁之质,立骨无依"等语,盖其时智含亡命,清吏追求甚急,完淳致此书为之求缓颊,但不久智含亦亡命死矣;死时年仅二十。智含亦才士,十一补诸生,有《孝隐遗集》,未见。

影响夏完淳甚深的，除他自己的父亲之外，当推他的先生陈子龙。子龙青浦人，字人中，更字卧子，又有轶符、大樽、孟公等别号。少允彝十二岁，与允彝同中崇祯丁丑进士，为莫逆交。陈夏为几社主盟，实江南文会之领袖。诗文极受时人推崇，著作亦甚富，惜多散佚不传。为学与允彝相似，不偏于章句而重世务，曾辑明文之有涉世务国政者为《经世文编》凡五百余卷。出于黄道周之门。乙酉五月南京失陷后，与夏允彝、沈犹龙等在松江起义，失败。犹龙被杀，允彝既沉水死，子龙因祖母高氏年九十，无人奉养，乃变服逸去，居嘉禾水月庵为僧，更名信衷，字瓢粟，又号颖川明逸。祖母死，乃扶柩还松江，葬于富林。曾书三千余言，焚允彝墓前，陈述后死之故，辞极悲慨。继与夏完淳、钱彦林等助吴日生，在太湖起义，亦失败。吴在嘉善被诱杀。丁亥四月十七日，松江提督吴胜兆反正，子龙预其事，亦失败。子龙走嘉定，告急于侯岐曾，匿其仆刘驯家。已复避就昆山顾大鸿家。巡抚土国宝及操江陈锦遣兵大索，得之。系于舟，将解往南京，至跨塘桥，断索入水，有役执其索引之，反被引入水同死，清人斩其尸。时为顺治四年五月十三日，年仅四十。坐匿子龙故而同死者有侯岐曾一门及顾大鸿、仲熊兄弟，子龙之弟子张宽，夏完淳之伯父夏之旭。

《完淳集》中有《细林野哭》一诗，所哭者即系子龙。国变后屡次起义，师弟均同在行间，平生风谊固不仅问字传经而已也。此外有《从陈轶符年丈游细林山馆》五律一首，《读陈轶符李舒章宋辕文合稿》七律一首。

《细林野哭》在《完淳集》中当推佳作，其情甚真，其辞甚苦，乃在松江被捕后，系于舟，经过细林山时所作。其尾声云：

> 呜呼，抚膺一声江云开，身在罗网且莫哀。公乎公乎为我筑室傍夜台，霜寒月苦行当来。

真可谓声与泪下，一字一咽。其早欲追随其师，存心一死，固已情见乎辞。十七岁之少年如此慷慨沉着，谁能读之，不为之凛然生感耶？

完淳之师尚有一人为太仓张溥，集中有《招魂》一篇吊之，行文全仿《楚辞》。序云：

> 张西铭先生家大人金石交也。予小子获乌爱焉。五龄侍函丈，摘疑赐问，音徽宛存，乃淳年未一纪（十二），而先生遂捐馆舍。

文词纯出于摹拟堆砌,然出于十一二岁之童子,固为可异。西铭死时年亦四十,唯所影响于完淳者远不及大樽。西铭无子,所抚之后嗣不能象贤,《狱中上母书》中曾引以为戒。

集中有《六哀诗》,所哀者为"徐冢宰"石麒,"侯纳言"峒曾,"黄镇南"蜚,"吴都督"志葵,"鲁副镇"之玙及"先考功"夏允彝,这六位都是当时抗清死节的先烈。

又有《六君咏》,所咏者为"史太师"可法,"黄少保"道周,"刘亚相"宗周,"徐詹事"汧,"金司马"声,"祁中丞"彪佳。这"六君"也是殉国的忠臣。诗的体例与《六哀诗》全同,但何以各自为类,不甚了悉。或许也怕是因为有亲与尊之不同,"六哀"亲亲,"六君"尊尊也。

这十二个人除掉他自己的父亲在前已经有详细的叙述之外,可以说都是夏完淳的精神上的师傅,但他对于他们也并不是毫无批判,特别是吴志葵,在他要算是最有微辞。例如诗中言"持重吝一发,谋断苦不早",即咎其坐失机宜,不能先发制人。《大哀赋》中也批评这个人:

威虏偏裨,长兴文吏,原非将帅之才,未有公侯之器。兴怀鸿鹄之言,颇见龙蛇之志。日日胡床之卧,夜夜钧天之醉。既一战之未申,沦九死而靡悔。黄土一抔,丹青万祀。

"威虏"即指吴志葵,志葵曾封为威虏伯。"长兴"则指吴日生,乃进士出身。看到"日日胡床之卧,夜夜钧天之醉"的两句,大可以为"持重吝一发,谋断苦不早"的注脚了。但志葵能够抗清,又能够死节。所以完淳依然是敬仰他。据《金山县志》,"志葵败绩被擒,戮于南京笕仁桥。妻范氏自杀"。在这节概鲜明的一点,自然是值得敬仰的。集中尚有《哭吴都督》五律六首,其第三首有"湖海门生谊,荆榛国士恩"之语。

就连对于史可法,完淳也并不是全面佩服。《续幸存录》的《南都杂志》中有批评史可法的一两段。"史道陵清操有余,而才变不足",又"用兵将略,非道陵所长",然而在大节上还是称道他:"勤劳王家,鞠躬至死,有武乡之遗风焉。"以诸葛武侯许之,和《六君咏》中"西风五丈原"之句,正相为桴鼓。

"六君"之中大抵刘宗周念台最为所尊崇,诗中比之为孔子,曰:"弟子三千人,绍兴邹鲁迹。"黄道周尚在其次,许以"廉介",而断以"戎马非所长",与对于史可法之批评在伯仲之间。

吴日生名易（此乃"阳"之古字，近人书中颇多误为"易"），吴江人，崇祯十六年进士，曾在史可法部下任事。扬州、吴江相继失陷后，聚师数千人收复吴江，屯军长白荡，曾大败清兵，隆武帝封之为长兴伯。后复失败，致全军覆没，父承绪，妻沈氏及女皆溺死，而日生只身脱险。丙戌春（顺治三年）吴江人周瑞聚兵，复起义于长白荡，迎日生入营主其事。秋，日生至嘉善，与职方倪抚合营，集饮于孙璋家，为汉奸县令刘肃之所卖，被执，擒至杭州，戮于草桥门。

此人因为比较后死，故和陈子龙一样，未入《六哀》之例，但集中有《吴江野哭》一首长诗专门哭他，也和《细林野哭》之专门哭陈子龙的是一样。《吴江野哭》也是完淳被捕后，舟过吴江时所作，有"有客扁舟泪成血，三千珠履音尘绝；晓气平连震泽云，春（？）风吹落吴江月"之句，又言"梦中细语曾闻得，苍黄不辨分颜色"，盖在舟中曾梦见日生，中夜醒来而潜声痛哭之也。"感激当年授命时，哭公清夜畏人知；空闻蔡琰犹堪赎，便作侯芭不敢辞"，凄怆之情有逾《细林野哭》。蔡琰即蔡文姬，陷没于匈奴，后为曹操所赎还，似乎日生尚有女为清兵所俘。侯芭是杨雄的弟子，足见完淳亦颇以师礼事吴了。

集中尚有《五子诗》，其序文已见前，所谓"平生风谊兼师友者五人"，此五人为邵景说（梅芬）、陆鲲庭（培）、侯文中（玄洵）、钱漱广（熙）、周上莲（锡）。

邵亦几社社友，金山卫诸生。国变后隐居，以病早卒，有《风辉堂诗稿》。完淳评以秀简清高，寡欲遗世。集中关于此人之诗，尚有《舟中忆邵景说寄张子退》，中有句云"孤灯暮雨白纶巾"，大约即为景说写照。又有《偶念三秋旧集忆景说兼越行诸子》，末二句云"邵生黄土风骚尽，三复遗篇尚可师"，其对于景说之倾倒可以想见。陈子龙之弟子王胜时有《题夏存古舍人遗集十首》，附见《完淳集》，其第五首云：

彷村风雨夜衔杯，屈指论文醉几回。
最惜青门诗句好，玉楼同跨紫鸾来。

自注云"夏子尝称邵景说诗"，可知青门即指景说。《五子诗》以邵居首，亦足证"最惜"之意。

陆鲲庭乃仁和人，崇祯庚辰进士。《明末忠烈纪实》云："大兵（清）至浙，培避横山之桐坞岭。过其友陈庭会，语以国祚如此，惟当一死以谢君亲。长号而别。在横山，其妻知其欲死，防之严。培乃绐妻脱身归故居，键户自缢。家人破壁救之，苏。培恚曰：奈何苦我！即作绝命诗，再拜其二仆，以绳授之曰：'使我得成其志者，汝等之惠也。'登床就缢，从容而死，年二十九。"夏诗称其通蔽识微，凤举玉立。

周上莲，据庄师洛所考证，疑即屈大均《成仁录》中之周秋驾。录云：

> 余友周子秋驾，幼时与华亭夏存古交好，其尊人斗垣先生尝佐存古之父文忠公允彝为宰长乐。秋驾师文忠而友存古，为学甚勤。存古撰《代乳集》时，年止九龄，才华飚发。而秋驾亦以髫龄能文章，为文忠所器重，以荐于陈门卧子。卧子司理浙东摄府篆，比试诸生，则以秋驾为萧山士冠。

诗中称周为"孝廉"，而又是成了仁的人，庄氏所拟大约是很可靠的。

集中所表见之友人名尚多，其中有死国难者，如徐似之（尔谷）、郭六修（维经）、顾大鸿、仲熊兄弟等。徐即前《六哀诗》中徐冢宰石骐之子，与完淳同日就刑。郭乃江西陇泉人，天启五年进士。清兵围赣州，隆武帝命维经为吏、兵二部尚书兼右副都御史,总理军务,督师往援。维经入赣州,与杨廷麟、万元吉协守。城破,入嵯峨寺,自焚死。大鸿、仲熊即顾咸正二子,因窝藏陈子龙而死于难。

尚有隐遁者如方子留(绥)、蒋大鸿(平阶)、顾伟南(开雍)、王玠石(光承)、杜茶村(濬)、沈宏济(楫——此人曾为完淳之师,穷困而死)。

亦有归顺清廷或致显要,或仍困顿者。如李舒章、宋辕文之流属于前,蒋篆鸿、王后张之流属于后,但此种人比较少。

下

我自从知道夏完淳的存在,便很想把他戏剧化,早被订为去年(一九四二)三月份的工作,已经把人物和分幕约略拟定了。但足足停顿了一年,直到今年三月这项工作才算告成。坊间已经有《夏完淳》一个剧本,我为避免同名起见,便采用了《南冠草》这个名目。

《南冠草》本是夏完淳最后一个集子的名称,是他在被捕后途中、狱中所作。原集未见,唯就《完淳全集》的标注看来,可以知道有五律十首、七律三首、七古二首。我们不妨把它的目录列在下边:

一、《别云间》，二、《拜辞家恭人》，三、《寄内》，四、《寄荆隐女兄兼武功侯甥》，五、《柬半村先生》，六、《七夕步蠡水先生韵》，七、《闻大鸿仲熊讣》，八、《毗陵遇辕文》，九、《被羁待鞠在皇城故内珰宅》，十、《御用监被鞠拜瞻孝陵恭纪》。（以上五律。）

十一、《虎丘遇九高》，十二、《由丹阳入京》，十三、《西华门与同难诸公待鞠》。（以上七律。）

十四、《细林野哭》，十五、《吴江野哭》。（以上七古。）

以外尚有词余四曲：《金陵杂咏》《自叙》《感怀》《送沈伯远出狱》，标为《狱中草》，不知道是不是也收在《南冠草》里面。又有《土室余论》一文及《狱中上母书》与《遗夫人书》二遗书，论理应同诗词一并收集。唯方子留（绶）《南冠草》原序，仅提到诗而不及曲与文，或许后二种是除外了的。《南冠草》这个集子的单行本，应该还存在于人间，将来如有机会寻得，这个小小的问题是不难解决的。

我的剧本所处理的是完淳被捕前后以至于死的一段情形，正和他这最后一个集子的时期约略相当。诗文中所含孕的情趣和事实，我在大体上是把它们形象化了。因此我把剧本也命名为《南冠草》，觉得是很适当的。

夏完淳的被捕是在顺治四年丁亥的夏间,被捕的原因诸书所说不一,或以为"以(陈)子龙狱词连及"(《明史稿》),或以为"以吴胜兆牵连"(《镇洋县志》),均是捕风捉影之谈。究其实际,以曹家驹《说梦》所述最为可靠。

乙酉之秋。三吴底定,势如破竹。惟浙东拥戴鲁藩,依钱塘之险,守御甚固。黄斌卿(**弘光时封肃虏伯**)练水师于舟山,遥为声援。一时人心俱欲输款,以图佐命勋。有谢尧文者奔走而联络之。丁亥之春,尧文抵崇阙。谋渡海,其衣冠颇异于众。海上逻卒诘之,复出大言,乃缚以见柘林守备陈可。一加刑讯,具吐真情。随从旅舍孙龙家,搜获所赍表文及名籍,上之提督吴胜兆。时胜兆反谋已决,置之不问,但以尧文檄府羁禁,聊掩众目而已。不数日而胜兆举事。人定后杀杨海防(**名之易**)、方司理(**名重朗**),迫黎明而为麾下所缚矣。何暇问及谢尧文事乎?久系不释。会上官至松阅囚,询尧文来历,知其以通南事败,而发觉由柘林,遂从陈可询其颠末。陈以昔所录副本进。据以上闻。土抚公同北来满酋到松,按籍而求,无一得脱。首列者为苏之孝廉顾咸正,进士刘曙,吾松董佑申、袁国楠、朱用枚、张谢石、董刚,皆表表有名者,莫不骈首就戮。而表文出于夏存古之手,亦罹于祸。

此与方子留《南冠草序》所说相合:"会江东有诏谥瑗公师(允彝)文忠,荫一子中书。存古乃上表及疏,称中书臣完淳,死以进报某虚实,约兵以某日航海,会某所。为逻卒所获,就鞠金陵。"又与《苏州府志》所载顾咸正、刘曙被捕时事亦相符。其说云:"顺治丁亥,上海诸生钦浩通款舟山,疏吴中忠义士二十三人,首及咸正。乃与同事四十余人并死。"又云:"刘曙(长洲县人,癸未进士)以舟山事械送金陵,下狱八旬,与昆山顾咸正,松江夏完淳,及同邑管定纵横诗酒,谈说忠义为乐。丁亥九月十九日赴市,连呼高皇帝而死。"钦浩当即谢尧文之字。或以为上表唐王者亦误,盖其时唐王已经死了。

刘曙下狱八旬,以九月十九日死,则其被捕当在六月。完淳被捕后诗有《七夕步蠡水先生韵》一首,其诗云:

> 忽然秋满地,愁里度良辰。
> 有酒还同醉,无衣岂独贫?
> 月明河鼓动,露落海间新。
> 欲就君平卜,升沉数未真。

一起言"忽然"盖有双关之意,表示其时被捕不久。蠡水先生未详为谁,然其丈人钱彦林亦有《七夕狱中作》的一首云:

> 对泣南冠度绮霄,江乡千里客愁遥。
> 双星若识人间事,也应凄然罢鹊桥。

可知他们翁婿两人的被捕与刘曙亦同时,所谓"狱中"固不必在金陵狱中也。关于完淳被捕之经过,杜登春《童心犯难集》中有一则纪之颇详,今录全文如次:

> 顺治丁亥七月望,夏子存古以奉表唐王(案:当作鲁王)谢恩,为海上逻卒所获。洪经略(案:其时尚未为经略)密行土抚军,索存古甚急。时余读书虎丘石佛寺,不知也。一日,乘凉散步,将至憨憨泉,见一小沙弥同青衣数人,汲水而饮。遥望沙弥有似存古,趋视之,则竟是也。问之,则曰:"我已就缚上道,无资斧,其为我谋之。"余急索囊中所有倾付之,送其登舟。有经略差官王姓者,虑有他谋,诘询姓名,词气甚厉。余以世谊交情详告之,且曰:"吾为行者治装,于尔未尝无益,何怒之有?"于是沽酒脯为别。存古口占一律赠余曰:

竹马交情十五年（《完淳集》作十七年），飘零湖海更谁怜？

知心独上要离墓，亡命难寻少伯船。

山鬼未回江上梦，楚囚一去草如烟。

高堂弱息凭君在，目极乡关更悯然。（集中作"姑苏明月愁人醉，残烛无言意悯然"。）

又曰："此行殆不免。妇钱有娠，男与尔为婿，女与尔为媳。倘不育，绝嗣，幸勿立后。"寄遗嘱数纸而别。余泣数行下，而存古无一点泪。余归，告沈子羽霄，约往金陵探听，羽霄慨然偕行。至省之次日，道上有鸣锣声，视之，则存古与刘公旦讳曙者，携手出就戮。两公皆不跪，持刀者从喉间断之而绝。余与羽霄敛存古之尸，归其梓于小昆山新茔，葬于考功先生昭位。得朋诸子咸来会葬，余与羽霄亲视覆土，凡四日而毕其事。

以六七月之交被捕，舟行转辗至苏，可能为七月十五日矣。钱诗"江乡千里"句亦足证明被捕后系由水路西上也。

杜九皋者《镇洋县志》云："号让水，世居华亭，青浦籍。为给事张王治婿，遂家太仓。顺治辛卯拔贡，历官处州同知。著有《尺五楼文集》。"顺治辛卯为完淳死后第五年，足见此人节概亦有可议之处。但他和夏完淳的关系相当密切,《童心犯难集》中既表明其对朋友的义气,尚有《吾友诗》四十五首,以完淳居第一,其诗云:

> 玉樊王佐才,少小薄章句。
> 生不辞党魁,死不辞刀锯。
> 虎阜前致词,徘徊泪如雨。
> 俎豆有余馨,悲哉《大哀赋》。

对于完淳极其倾倒。"玉樊"云云者,以完淳又号玉樊堂也。《完淳集》中收有《讨降贼大逆檄》,其首语为"崇祯十有七年四月江左诸少年讨降贼大逆臣"云云,此所谓"贼",乃指李自成。当时崇祯薨,清廷尚未大肆其荼毒,故士大夫辈多以讨贼为忠义。完淳时仅十四岁,在此潮流中自不免受其影响。杜著《社事本末》中亦记其事。

> 甲申四月,余辈数人称江左少年,上书乡绅四十家,乞举义勤王,为众绅所嫉。又于哭陵时,草檄讨从逆者。一时投闯之辈皆侧目。而主其说者,实余与夏存古二人。

又云：

> 余年十三，与夏子存古完淳、王子后张奭辈于少年场中留意人物，以社事为己任。迄今事在目前，已恍如隔世矣。

杜与夏乃上下年纪，所谓"生不辞党魁"即指结社事为无疑。虎丘前口占一诗已收入《南冠草》，语句略有不同，或因杜所录者乃初稿，或因系口占，而杜之记忆有误，然大体上无甚更动。所谓"知心独上要离墓"，则完淳在其时，对杜系以"知心"相许。要离之墓本在虎丘，称杜"独上"，似亦可解释为有秘密之意义。

同在《南冠草》中，同系在途中遇友之作，《毗陵（武进）遇辕文》一首，和《虎丘遇九高》之作，其感触便大不相同。"辕文"为宋征舆的字，宋亦松江华亭人，与陈子龙、夏允彝同为几社社友。但此公于顺治丁亥即成进士，即陈子龙、夏完淳授命之年。后曾为福建督学，历官至副都督御史，与陈、夏之友之另一人李雯字舒章者同为归顺清廷而显达了的人物。

> 宋生裘马客，慷慨故人心。
> 有憾留天地，为君问古今。

> 风尘非昔友,湖海变知音。
>
> 洒尽穷途泪,关河雨雪深。

这诗里面很明显的是含有讽刺不满之意,如"裘马客""有憾留天地""风尘非昔友"等句,与赠杜诗,迥然不同。因此我在方便上把杜九皋作为代表了一种方向的人物。便是明亡之后,有一部分士大夫曾经潜下海底,参加了秘密结社,据传顾亭林、傅青主,都是走这条路线的人。

王后张,原名为聚星,后改名为奭,《完淳集》中屡见此人名。如《寄后张》云:

> 千山万山芳草生,千树万树黄鹂鸣。
>
> 汝为高堂不得来,我为高堂不得行。
>
> 寂寞音书竟尘土,昨闻后江新被兵。
>
> 欲眠不眠愁夜半,横笛参差三两声。

又有《雪后怀后张子韶》《与王大后张泛舟华亭谷》。后诗中有"余为龙兮子为云"之句,二人交情似乎并不浅。但这位王先生是在康熙二十六年中了顺天举人,二十七年成了进士的(见《华亭县志》),可知晚节亦不终。后张与完淳为同年辈，到康熙二十六七年已经将近六十岁了。

又其《周釜山先生鹤静堂集跋》有云：

> 追忆考功塾中，弟子侍侧，先生命言志。夏生存古曰："其司马长卿乎？"奭曰："其吾家景略乎？"先生瞿然顾奭曰："噫，孺子乃分师席，此诚吾所能。"当是时师弟子自命綦闳达哉。岂知白驹载驰，智不及料。夏生既弱龄兵死矣，奭且老而无所表见。而先生一仕即已卒，未克大展。

顺民思想，充分十足，辞气之间颇小视完淳，盖斥完淳仅仅是一个文人，而自己则是大能有所作为的政治家也。"吾家景略"即是佐命苻坚的王猛，应该是一位汉奸，后张以此自比，洋洋得意，其志趣可想。这段故事，疑出于杜撰，因为夏允彝是富有民族意识的人，不至以自比景略而夸奖其弟子。因此，我对于这位"自命闳达"的王先生，实在不大满意。

国变以后，夏、侯两家的景况是很萧条的，朋友亲戚，死难的死难，变节的变节，势利的人似乎都有点敬鬼神而远之，故完淳诗中亦每每露有不胜今昔之感。如：

> 珠履三千食客稀，玉盘十二齐盟悔。（《题曹溪草堂壁》）

当年结客同心者,满眼悠悠行路人。(《寄荆隐女兄》)
五陵年少归何处?匣剑双龙不敢弹。(《感旧六首之三》)
亲朋交态浑如梦,湖海生涯敢独醒?(《秋日避难东智含》)
今日三千珠履客,谁人知报信陵恩?(《东友》)
露下天高肠欲断,秋来客散孟尝门。(《楼头口号》)

像这样的辞句在集中正自举不胜举。这种冷暖炎凉的情形固然是人世间的常态,因此也令我想到夏完淳的被捕上必然会有出卖他的人。这个人没有方法确定,在方便上也就只好拜借了。

完淳被捕时的地点,各书多以为嘉善钱家,如蔡嗣襄《事略》谓"逻卒至其妻家,遂被执"。《黄鹤醉翁记》亦谓"读书外家,丁亥四月巴陈土三帅执之"。然以《南冠草》中诗次考之,如《别云间》即别其故乡松江华亭之作,《拜辞家恭人》则系别母之作:可见他的被捕应该是在华亭他姐姐同母亲所住的地方。至如《屈氏成仁录》谓"完淳走吴易军为参谋,被执",那更是把事件和年代都弄错了。

《细林野哭》中有句云:"我欲归来生羽翼,谁知一举入罗弋。"也足以证明被捕是在他的故乡,而他的"归来"是打算有所作为,高飞远举的。

被捕的时间应该是丁亥的六七月之交,而不是四月。四月是谢尧文被捕的时期。关于谢的被捕,在《贰臣传》的《洪承畴传》中也曾提及:

> 四年四月,驻防江宁总管巴山、张大猷奏,柘林游击陈可,擒贼谢尧文,获明鲁王封承畴国公,及其总兵黄斌卿致承畴与巡抚土国宝书,有"伏为内应,杀巴、张二将,则江南不足定"语。上奖巴山等严察乱萌,而谕慰承畴、国宝曰:"朕益知贼计真同儿戏。因卿等皆我朝得力大臣,故反间以图阴陷。朕岂堕此小人之计耶?"

观此足见谢尧文一案牵涉甚广,盖他一方面是在替鲁王以海和江南的士大夫联络,谥夏允彝为文忠公,封完淳为中书舍人,因而有完淳的谢表和义士四十余人联名的奏疏。而在另一方面想企图离间当时的敌伪,故封洪承畴,而捏造里应外合的私信。这件案子的结果,在江南士大夫方面,引出了大批的牺牲,在敌伪方面也生出了小小的波折。在这个波折当中我感觉着很大的趣味,因为可以表见当时的敌伪关系。汉奸们的生活是怎样的不自由,敌人对于汉奸的驾御又是怎样的恩威并用,都明白地可以看出。

土国宝（剧中为方便计，改为了王国宝）亦见《贰臣传》，是山西大同人，是明朝的总兵投降过去的。传称其"以武夫，不习文事"，后因贪赃，畏罪自缢。此人本是一名简单的刽子手，可云无足重轻。但洪承畴在当时却无殊于现今的汪精卫，观其受制于一个满人的总管巴山，仅以莫须有的嫌疑，便由巴山上奏而与土同成为待罪的身份，可证满人在当时之监视汉奸，是怎样的严密。事经审核明知为伪，洪与土虽然受了"谕慰"，而巴也同时受了"奖"。这也可见汉奸的可怜相，便是踹了你两脚，再摸摸你的头，而自己的脚不用说依然是尊贵的，遇必要时还是要踹你。在《洪承畴传》里面，接着又有一段十月的事。也是巴山等查获了五个游方和尚，认为有谋叛的踪迹，牵连到洪承畴。所谓"谋叛踪迹"也不过是一位和尚名叫亟可的，在经过城门的时候，从他的经筒里面被人查出有福王答阮大铖的信稿，又有一册名叫《变纪》的书说到时事，如此而已。亟可是明尚书韩月庵的儿子，与洪承畴有世谊，要想回广东，洪承畴便发了"印牌"给他。结果，洪承畴所发的"印牌"不仅没有生效，反而惹出了麻烦。案子也闹到了北京。刑部认为"徇情"，要予洪以"革职"的处分。算是因为他平定江南"有功"，把他赦免了；而洪承畴借父丧为名，还是自行辞了职。这些情形，真是活鲜鲜的如同眼面前的事一样。

当时的清朝,执政的是摄政王多尔衮,这人是相当跋扈的,而且颇有才干,顺治皇帝的位子几乎被他篡掉。他在丁亥四年还只三十二岁,在前曾经到过南京,但他在这一年却没有南下的事实,我为舞台的便利起见,作为他微行到了南京。这是可能,希望史学专家不要以为我在"创造历史"。

我在酝酿本剧的时候,劈头的写法本有两种打算:一种是现有的形式用多尔衮、洪承畴来开端,从清廷方面来介绍时代;另一种则由民间抗清的活动开始。《完淳集》中有《遇盗自解》一诗:

浪迹烽烟独此身,天涯孤客泪沾巾。
绿林满地知豪客,宝剑穷途赠故人。
无复青毡王氏旧,自怜犊鼻阮家贫。
逢人莫诉流离事,何处桃源可避秦?

我喜欢"绿林""宝剑"一联,这里有让想象力充分活动的余地。我打算写成他在亡命生活中隐姓埋名,一次假定在太湖边上被人打劫,但结果那绿林豪客的首领才是相识的人,不仅没有害他,反而脱剑相赠。这是很有戏剧效果的一景,但我抛弃了,依然采取了现在的形式,用汉奸和烈士对照,用洪承畴和夏完淳对照。

完淳被审讯时,洪承畴有意软化他,是事实。但他却不仅不屈,还使有意软化的他的丈人钱彦林也慷慨就义了。完淳与洪承畴的对答,先故意恭维一场,反过来再加以痛骂,也是事实。《屈氏成仁录》中所叙述的这一节颇有声色,不过恐怕多少也是加了些润色的。

完淳到过的地方很多,幼时他随着父亲到过燕京,到过福建的长乐。国变以后:"飘摇泽国,踯躅行间",长江下游、太湖沿岸,大概是他时常漂泊的地方。但我所注意的是他似乎曾经到过洞庭湖。他有《绝句口号八首》,其序云:"余窜身荆棘,满目风尘,哀厉之辞,殊乖风雅。聊以纪一时流离之苦耳。"既为纪流离之作,则诗中所列地名,理应不能认为藻饰。其第一与第二首云:

去年人送短长亭,一片烟波入洞庭。
江海无情人不见,芳洲春草为谁青?

毅魄归来风雨多,潇湘春尽晚生波。
可怜屈宋师门谊,空自招魂吊汨罗。

这儿所提到的"洞庭""潇湘",应该指的是湖南境内吧。自然太湖也有"洞庭"的别名,如集中别有《夏日幽居三首》,其第三首有句云:"一片孤帆入洞庭,两峰晓夹具区青。""具区"即太湖,则彼"洞庭"当即指太湖。但这《绝句口号》第二首的"潇湘",似乎便不能作别解了。因此《大哀赋》中有这样的几句,也更惹得我注意:

> 国亡家破,军败身全,招魂而湘江有泪,从军而蜀国无弦。

这所叙的是丙戌年吴日生失败后的事,大约完淳在那时候确实是到过湘、鄂一带。那时候李自成的余部已经屯集在湖北通山县之九宫山,张献忠的部队也还在四川境内,完淳尽有西游的可能,而且还是有企图的,但结果他的企图没有达到。因为李自成已在九宫山的附近被杀,故致"招魂有泪",欲入蜀而苦无门路,故致"从军无弦"。这些都不好明目张胆地说,故只好以文饰出之。这样去解释,大约也是可能的吧。

完淳是反对隐遁的人,他有《咏史杂成口号十首》,其第四首批评伯夷、叔齐,便是对于隐遁者表示不满:

遗恨殷郊太白旗,黄虞千载更无依。
当时尚有顽民在,何事西山独采薇?

这诗颇足以表见他自己的志趣,因此我感觉着完淳在其将死的一两年,见江南举义等于绝望,实曾经有西投张、李的决心,和那些"顽民"打成一片。没有成功,故又回到长江下游,和鲁王以海通款曲,想逃到南方活动。这便成为"我欲归来振羽翼,谁知一举入罗弋"了。

完淳是诗人,而又以气节自尚,他的父亲死于水,先生陈子龙也死于水,故他对于屈原甚为尊崇。集中摹仿《楚辞》的骚体赋颇多,又有《吊左徒》一诗,屈原可以说是他精神上的先生。这,或许也怕是可以使他远游潇湘的一种动力吧?

完淳似乎颇嗜古,字作"存古",已足表见。他除喜欢屈子之外,也喜欢庄子,《夏日幽居》第一首有"幽扉习静无人至,读尽《南华》内外篇"之句。集中除骚体赋之外多选体诗。文亦多六朝气习,《大哀赋》系拟庾子山的《哀江南》也是有目共见的事。然而六朝以后的史事人物便很少提及,诗不提李、杜、元、白,文不提韩、柳、欧、苏,词不提周、柳、苏、辛,曲不提关、白、郑、马,甚至如行迹相似之文天祥、陆秀夫之类的宋人亦绝未提及。

但他也并不是泥古的人。他不肯固守章句，素来重视时事，而在行动上不偏废实践。所谓"玉樊王佐才，少小薄章句"，便是确评。因为他鄙视章句，所以他并不迂腐。他虽然以节义文章表见于世，但他毫无方巾气。他不爱引据儒家经典，有一篇《周公论》，隐隐指周公为"叛臣逆相"，更是有点离经叛道。他本来是才子，故不免也有些风流，十五岁时便著《青楼篇》《杨柳怨》，绝不是迂腐假道学先生所能道其一字。国变前，无疑的曾和一些少年侪辈征逐于歌舞之场，所谓"壮游不让五陵豪，酒酣却笑三河侠"（《题曹溪草堂壁》）。国变后尤时时借酒解闷，所谓"江南日暮惨离魂，四海交情酒后论"（《楼头口号》），"相逢对哭天下事，酒酣睥睨意气亲"（《细林野哭》）。"乐府"有《艳歌行》《三妇艳》诸篇，诗余多写情写恨之作，狱中所成套曲，《自叙》里面有"为伊人几番抛死心头愤"之句，《感怀》一首中又有"我那人呵影何方？书在金陵，客梦西楼，一样西风两地愁"的尾声。他这"伊人""那人"，该是有所指，或许就是他的夫人，或许也怕是夫人以外的心友。但他尽管怀抱着这样柏拉图式的爱，我们能够说他不道德吗？

他尚游侠，重义气，故"生不辞党魁，死不辞刀锯"。他虽然没有提到过宋末死节诸臣,但却常提要离、范蠡、伍员、信陵君、高渐离、张良、田横。大抵周末秦、汉之交的一些壮烈的故事,是时常在他的脑子里盘旋着的。

他的政治评论每中肯綮,如《大哀赋》中评明末之失政有"罪莫炽于赵高,害莫深夫褒姒",即指魏忠贤与客氏而言。批评南京政府之淫靡则曰:"东昏侯之失德,苍梧王之不君。玉儿宠金莲之步,丽华长玉树之淫。……先见乎玉杯象箸,复征夫酒池肉林。问蛙鸣于为公为私,御龙衮于若亡若存。……冠盖之银青俱满,庙堂之铜臭相因。……将相尽更始之羊胃,衣冠多南渡之雁民。"把当时南渡君臣之恶德真是写得淋漓尽致了。

他的关于南朝的评述本来还有《续幸存录》一书,是赓续他父亲的《幸存录》而作。原本八卷,为"《南都大略》一卷,《杂志》一卷,《义师大略》一卷,《杂志》二卷,《先忠惠行状》一卷,《死节考》一卷",见其自序如此。谢国桢《晚明史籍考》言涵芬楼有钞本,多出《达夷授官始末》《沈辽失守始末》《拟谥逊国诸臣评》等目,为自序所无,而自序中之《义师大略》《杂志》《行状》《死节考》等则佚。涵芬楼本闻已毁于一·二八之役。今坊间幸存者有明季稗史本,仅《南都大略》六则,《南都杂志》二十八则,末有一则云:"以书生谈朝事,其讹者十之三四,故予删其讹而存其是,非全录也。"此乃删者之附识,不知删者究系何人,甚为可惜。删者讥完淳为"书生",而斥其多"讹",或系在南都曾当"朝事"之人,盖钱谦益辈所为耶?今观所删存者多精到之语,有所谓"三反"者:

> 南都之政,幅员愈小则官愈大,郡县愈少则官愈多,财富愈贫则官愈富,斯之谓三反。三反之政,又乌乎不亡?

把亡国现象说得最为扼要,则被删文字中恐仍多妙绪,未必尽"讹"。尤可惜者乃关于《义师》及《死节》诸卷竟被完全删弃,则删者之为贰臣,又断然无疑。观完淳自序,谓"不敢苟,不敢私,不敢以己意曲直",又谓"失之诬,失之枉,我知免矣",则完淳又不仅为一诗人,而实兼备良史之才者也。

完淳著作除《续幸存录》外,有诗文集数种,曰《玉樊堂集》《内史集》《南冠草》《代乳集》。然余所见为清嘉庆年间庄师洛及其门人何其伟、陈均等所辑之《夏节愍全集》十卷及补遗二卷。据何跋云:"《夏节愍集》十卷,盖综其生平所为《玉樊堂集》《内史集》《南冠草》三种汇录成编者也。《玉樊堂集》作于甲申乙酉（间有前作），《内史集》作于从军以后，始丙戌，讫丁亥四五月间。《南冠草》则皆临难时途中、狱中所作也。然节愍年九岁，曾撰《代乳集》，惜不传。"大率现存之全集已包罗夏之诗文全部。搜辑甚勤，补遗一再，并多各种附录以备参考，庄氏师弟之业实可感谢。唯诗文未编年，其中斥满人处，在前认为涉及忌讳之字句均被隐匿，以《大哀赋》为最甚，殊为遗憾。又"节愍"云者乃乾隆四十年之追谥，其时清室政权已稳定，乃追尊明末殉国诸臣以奖励忠烈，计予专谥者三十三人，通谥"忠烈"者一百二十四人，"忠节"者一百二十二人，"烈愍"者三百七十七人，"节愍"者八百八十二人，祀忠烈祠者二千二百四十九人。以"节愍"称完淳，非完淳之志也。

完淳诗文，旧时老师宿儒多极口称赞，如沈德潜云："存古生为才人，死为雄鬼，汪踦不足多也。诗亦高古罕匹。"王昶八十三岁时序《完淳全集》云："年少才高，从军殉难，其人其文，千古未有。"确非溢美之言。然余尤爱其《南冠草》中所录诸作，盖已刊去纷华，满纸血泪，无意求工，而真光射人也。

被捕后之文，如《土室余论》《狱中上母书》《遗夫人书》亦均是血性文字，今整录其二遗书如下。

狱中上母书

不孝完淳今日死矣,以身殉父,不得以身报母矣。痛自严君见背,两易春秋,冤酷日深,艰辛历尽。本图复见天日,以报大仇,恤死荣生,告成黄土。奈天不佑我,钟虐先朝,一旅才兴,便成齑粉。去年之举,淳已自分必死,谁知不死,死于今日也!斤斤延此二年之命,菽水之养,无一日焉。致慈君托迹于空门,生母寄生于别姓。一门漂泊,生不得相依,死不得相问。淳今日又溘然先从九京,不孝之罪,上通于天。呜呼,双慈在堂,下有妹女。门祚衰薄,终鲜兄弟。淳一死不足惜,哀哀八口,何以为生?

虽然已矣,淳之身父之所遗,淳之身君之所用,为父为君,死亦何负于双慈?但慈君推干就湿,教礼习诗,十五年如一日。嫡母慈惠,千古所难,大恩未酬,令人痛绝。慈君托之义融女兄,生母托之昭南女弟。淳死之后,新妇遗腹得雄,便以为家门之幸。如其不然,万勿立后,会稽大望,至今而零极矣,节义文章,如我父子者几人哉?立一不肖后,如西铭先生为人所诟笑,何如不立之为愈耶?

呜呼,大造茫茫,终归无后,有一日中兴再造,则庙食千秋,岂止麦饭豚蹄,不为馁鬼而已哉?若有妄言立后者,淳且与先文忠在冥冥中诛殛顽嚚,决不敢舍!兵戈天地,淳死后,乱且未有定期。双慈善保玉体,无以淳为念。二十年后,淳且与先文忠为北塞之举矣。勿悲勿悲,相托之言,慎勿相负!

武功甥将来大器,家事尽以委之,寒食盂兰,一杯清酒,一盏寒灯,不至作若敖之鬼则吾愿毕矣。新妇结褵二年,贤孝素著,武功甥好为我待之,亦武功渭阳情也。

话无伦次,将死言善,痛哉痛哉。

人生孰无死?贵得死所耳。父得为忠臣,子得为孝子,含笑归太虚,了我分内事。大道本无生,视生若敝屣,但为气所激,缘悟天人理。恶梦十七年,报仇在来世。神游天地间,可以无愧矣。

遗夫人书

三月结褵,便遭大变,而累淑女,相依外家,未尝以家门盛衰,微见颜色,虽德曜齐眉,未可相喻。贤淑和孝,千古所难。

不幸至今吾又不得不死,吾死之后,夫人又不得不生,上有双慈,下有一女,则上养下育,托之谁乎?然相劝以生,复何聊赖?芜田废地,已委之蔓草寒烟。同气连枝,原等于隔肤行路。青年丧偶,才及二九之期。沧海横流,又丁百六之会。茕茕一人,生理尽矣!呜呼,言至此,肝肠寸寸断。执笔心酸,对纸泪滴。欲书则一字俱无,欲言则万般难吐。吾死矣,吾死矣,方寸已乱。平生为他人指画了了,今日为夫人一思究竟,便如乱丝积麻。身后之事,一听裁断,我不能道一语也。停笔欲绝。去年江东储嗣诞生,各官封典俱有,我不(亦?)曾得。夫人夫人,汝亦先朝命妇也,吾累汝,吾误汝,复何言哉!呜呼,见此纸如见吾也。外书,奉秦篆细君。

此二书至今读之颇有余悲,且屡读不厌。唯《上母书》中对嫡母备极赞扬,而生母则无所表彰,不知是否出于谦抑。又有"诛殛顽嚚"之语,辞气过烈,不知系指母言,抑指夫人言。《遗夫人书》中关于江东储贰一节,颇觉不似完淳襟怀所宜出。恐其夫人因未得封典尝有怨言,故淳临死复提及,以表示歉仄,并鼓励之。(*颇疑"我不曾得""不"字乃"亦"字之误。*)二书中均有"先朝"字样,自系抄录者所改,因当时明室并未亡,清室亦尚未稳定,完淳决不致称明室为"先朝"也。

秦篆夫人遗腹果得一男,据《紫堤村志》云"仍不育",其后夫人亦削发为尼。唯关于遗腹子一节颇有异说。方授《南冠草序》云:"存古死而遗腹得一子一女,天之报施不爽

哉。"序乃"壬辰冬"所作,距完淳之死已五年。或其时子尚未死,而女则并非遗腹。又《镇洋县志》所载更有大异:

> 云间夏瑗公允彝,一子完淳,字存古。年方典谒,天才俊发,所著诗文几驾瑗公而上之。瑗公殉节死,存古时时慷慨悲歌,会以吴胜兆牵连下狱。而我娄王明先者,瑗公门下士也,往探之。存古谓曰:一死无恨,惟室中妇方妊,今以累君。明先颔之,潜走云间,伺其育,潜抱以归。而明先亦以他事败。其友徐方平复抱之归。存古死。此子卒赖两人以全。

看这所说的,差不多有类神话。其实秦篆夫人居外家,乃在嘉善,并非云间。完淳死后尚有母、妻、姐、妹及外甥侯武功等在,何劳此王、徐二人抱抚遗孤耶?盖完淳在当时为人所慕,好事者托此自夸耳。其所抚子,盖真所谓"狸猫换太子"之子也。

即关于完淳之收尸与葬地亦有异说,邢城《黄鹤醉翁记》谓"同郡李之杜收其尸,葬之聚宝山木末亭下"。此与前录杜九皋《童心犯难集》所述全异。然以情理推之,殆以杜说为可信,因与杜同赴南京者尚有沈羽霄,而会葬曹溪者尚有及门诸子也。李之杜殆亦冒牌义士,与王明先可谓无独有偶。

关于夏完淳葬地,庄师洛《夏集补遗序》,谓当在松江四十三保十三图荡湾。又庄之侄婿杨超格曾与其友人董尚往曹溪访其墓,据云荡湾在曹溪东北二里,夏允彝之墓在焉。乾隆五十一年,邑令谢庭熏从张隆孙等之请,曾"示禁樵牧"。唯完淳之墓无泐石可考(见《补遗跋》)。尔来又一百三十余年了,抗战胜利了的一天,我很想到松江去访查这些遗迹。

一九四三年四月十六日

鲁迅与王国维

在近代学人中我最钦佩的是鲁迅与王国维。但我很抱歉，在两位先生生前我都不曾拜见过，而认识了他们的伟大却都是在他们死后。毫无疑问，我是一位后知后觉的人。

我第一次接触鲁迅先生的著作是在一九二〇年《时事新报·学灯》的《双十节增刊》上。文艺栏里面收了四篇东西，第一篇是周作人译的日本小说，作者和作品的题目都不记得了。第二篇是鲁迅的《头发的故事》。第三篇是我的《棠棣之花》（第一幕）。第四篇是沈雁冰（那时候雁冰先生还没有用茅盾的笔名）译的爱尔兰作家的独幕剧。《头发的故事》给予我的铭感很深。那时候我是日本九州帝国大学的医科二年生，我还不知道鲁迅是谁，我只是为作品抱了不平。为什么好的创作反屈居在日本小说的译文的次位去了？那时候编《学灯》栏的是李石岑，我为此曾写信给他，说创作是处女，应该尊重，翻译是媒婆，应该客气一点。这信在他所主编的《民铎》杂志发表了。我却没有料到，这几句话反而惹起了鲁迅先生和其他朋友们的不愉快，屡次被引用来作为我乃至创造社同人们藐视翻译的罪状。其实我写那封信的时候，创造社根本还没有成形的。

有好些文坛上的纠纷，大体上就是由这些小小的误会引起来了。但我自己也委实傲慢，我对于鲁迅先生的作品一向很少阅读的。记得《呐喊》初出版时，我只读了三分之一的光景便搁置了。一直到鲁迅死后，那时我还在日本亡命，才由友人的帮助，把所能搜集到的单行本，搜集了来饱读了一遍。像《中国小说史略》一书，我只读过增田涉的日译本，一直到现在还没有读过原文。自己实在有点后悔，不该增上我慢，和这样一位值得请教的大师，在生前竟失掉了见面的机会。

事实上我们是有过一次可以见面的机会的。那是在大革命失败后的一九二七年年底，鲁迅先生已经辞卸广州中山大学教务主任回到了上海，我也从汕头、香港逃回到上海来了。在这时，经由郑伯奇、蒋光慈诸兄的中介曾经有过一次切实合作的酝酿。我们打算恢复《创造周报》，适应着当时的革命退潮期，想以青年为对象，培植并维系着青年们的革命信仰。我们邀请鲁迅先生合作，竟获得了同意，并曾经在报上登出过《周报》复刊的广告。鲁迅先生列第一名,我以麦克昂的假名列在第二,其次是光慈、伯奇诸人。那时本来可以和鲁迅先生见面的,但因为我是失掉了自由的人,怕惹出意外的牵累,不免有些踌躇。而正在我这踌躇的时候,后期创造社的几位朋友回国了,他们以新进气锐的姿态加入阵线,首先便不同意我那种"退撄"的办法,认为《创造周报》的使命已经过去了,没有恢复的必要,要重新另起炉灶。结果我退让了。接着又生了一场大病,几乎死掉。病后我又亡命到日本去,创造社的事情以后我就没有积极过问了。和鲁迅先生的合作,就这样不仅半途而废,而且不幸的是更引起了猛烈的论战,几乎弄得来不可收拾。这些往事,我今天来重提,只是表明我自己的遗憾。我与鲁迅先生的见面,真真可以说是失诸交臂的。

关于王国维的著作,我在一九二一年的夏天,读过他的《宋元戏曲史》。那是商务印书馆出版的一种小本子。我那时住在泰东图书局的编辑所里面,为了换取食宿费,答应了书局的要求,着手编印《西厢》。就因为有这样的必要,我参考过《宋元戏曲史》。读后,认为是极有价值的一部好书。但我也并没有更进一步去追求王国维的其他著作,甚至王国维究竟是什么人,我也没有十分过问。那时候王国维在担任哈同办的仓圣明智大学的教授,大约他就住在哈同花园里面的吧。而我自己在哈同路的民厚南里也住过一些时间,可以说居处近在咫尺。但这些都是后来才知道的。假使当年我知道了王国维在担任那个大学的教授,说不定我从心里便把他鄙弃了。我住在民厚南里的时候,哈同花园的本身在我便是一个憎恨。连那什么"仓圣明智"等字样只觉得是令人可以作呕的狗粪上的霉菌。

真正认识了王国维,也是在我亡命日本的时候。那是一九二八年的下半年,我已经开始做中国古代社会的研究,和甲骨文、金文发生了接触。就在这时候,我在东京的一个私人图书馆东洋文库里面,才读到了《观堂集林》,王国维自己编订的第一个全集(《王国维全集》一共有三种)。他在史学上的划时代的成就使我震惊了。然而这已经是王国维去世后一年多的事。

这两位大师,鲁迅和王国维,在生前都有可能见面的机会,而我没有见到,而在死后却同样以他们的遗著吸引了我的几乎全部的注意。就因为这样,我每每总要把他们两位的名字和业绩联想起来。我时常这样作想:假使能够有人细心地把这两位大师做比较研究,考核他们的精神发展的路径,和成就上的异同,那应该不会是无益的工作。可惜我对于两位先生的生前都不曾接近，著作以外的生活态度、思想历程，及一切的客观环境，我都缺乏直接的亲炙。因此我对于这项工作虽然感觉兴趣，而要让我来做，却自认为甚不适当。六年前，在鲁迅逝世第四周年纪念会上，我在重庆曾经做过一次讲演，简单地把两位先生做过一番比较。我的意思是想引起更适当的人来从事研究，但六年以来，影响却依然是沉寂的。有一次许寿裳先生问过我，我那一次的讲演，究竟有没有底稿。可见许先生对于这事很注意。底稿我是没有的，我倒感觉着：假使让许先生来写这样的题目，那必然是更适当了。许先生是鲁迅先生的至友，关于鲁迅的一切知道得很详，而同王国维先生想来也必定相识，他们在北京城的学术氛围气里同处了五年，以许先生的学力和衡鉴必然更能够对王国维做正确的批判。但我不知道许先生自己有没有这样的兴趣。

首先我所感觉着的，是王国维和鲁迅相同的地方太多。王先生生于一八七七年，长鲁迅先生五岁，死于一九二七年，比鲁迅先生早死九年，他们可以说是整整同时代的人。王先生生于浙江海宁，鲁迅先生生于浙江绍兴，自然要算是同乡。他们两人幼年时家况都很不好。王先生经过上海的东文学社，以一九〇一年赴日本留学，进过东京的物理学校；鲁迅先生则经过南京的水师学堂、路矿学堂，以一九〇二年赴日本留学，进过东京的弘文学院,两年后又进过仙台的医学专门学校。王先生研究物理学只有一年,没有继续,而鲁迅先生研究医学也只有一年,然而两位先生就这样都是受过相当严格的科学训练的。在那时两位先生都喜欢文艺和哲学,而尤其有趣的是都曾醉心过尼采。这理由是容易说明的,因为在本世纪的初期,尼采思想乃至德意志哲学,在日本学术界是磅礴着的。两位先生回国后都曾从事于教育,而且是最狭义的教育的教育。王先生以一九〇三年曾任南通师范学堂教习,讲授心理、伦理、哲学,一九〇四年转任苏州师范学堂教习,除心理、伦理、哲学之外,更曾担任过社会学的讲授。鲁迅先生则以一九〇九年担任浙江两级师范学堂的生理和化学的教员,第二年曾经短期担任过绍兴中学的教员兼监学之外,又第二年即辛亥革命的一九一一年,担任了绍兴师范学校的校长。就那样在同样担任过师范教育之后,更有趣的是,复同样进了教育部,参加了教育行政的工作。王先生是以一九〇六年在当时的学部(*即后来的教育部*)总务司行走,其后改充京师图书馆的编译,旋复充任名词馆的协调,都是属于学部的,任职至辛亥革命而止。鲁迅先生则以一九一二年任南京临时政府教育部的部员,初任社会教育司第一科科长,后迁北京,又改为佥事,任职直至一九二六年。而到晚年来,又同样从事大学教育,王先生担任过北京大学的通信导师、清华大学研究院教授，鲁迅先生则担任过北大、北京师大、北京女子师大、厦门大学、中山大学等的讲师或教授。

两位先生的履历，就这样，相似到实在可以令人惊异的地步。而两位先生的思想历程和治学的方法及态度，也差不多有同样令人惊异的相似。他们两位都处在新旧交替的时代，对于旧学都在幼年已经储备了相当的积蓄，而又同受了相当严格的科学训练。他们想要成为物理学家或医学家的志望虽然没有达到，但他们用科学的方法来回治旧学或创作，却同样获得了辉煌的成就。王先生的《宋元戏曲史》和鲁迅先生的《中国小说史略》，毫无疑问，是中国文艺史研究上的双璧；不仅是拓荒的工作，前无古人，而且是权威的成就，一直领导着百万的后学。王先生的力量后来多多用在史学研究方面去了，他的甲骨文字的研究、殷周金文的研究、汉晋竹简和封泥等的研究，是划时代的工作。西北地理和蒙古史料的研究也有些惊人的成绩。鲁迅先生对于先秦古物虽然不大致力，而对于秦以后的金石铭刻，尤其北朝的造像与隋唐的墓志等，听说都有丰富的搜罗，但可惜关于这方面的成绩，我们在《全集》中不能够见到。大抵两位先生在研究国故上，除运用科学方法之外，都同样承继了清代乾嘉学派的遗烈。他们爱搜罗古物，辑录逸书，校订典集，严格地遵守着实事求是的规则。鲁迅先生的力量自然多多用在文艺创作方面去了，在这方面的伟大的成就差不多掩盖了他的学术研究方面的业绩，一般人所了解的鲁迅先生大抵是这一方面。就和王国维是"新史学"的开山一样，鲁迅是"新文艺"的开山。但王国维初年也同样是对于文学感兴趣的人。他曾经介绍过歌德的《浮士德》，根据叔本华的美学思想写过《红楼梦评论》，尽力赞美元曲，而在词曲的意境中提倡"不隔"的理论（"不隔"是直观自然，不假修饰）。自己对于诗词的写作，尤其词，很有自信，而且曾经有过这样的志愿，想写戏曲。据这些看来，三十岁以前，王国维分明是一位文学家。假如这个志趣不中断，照着他的理论和素养发展下去，他在文学上的建树必然更有可观，而且说不定也能打破旧有的窠臼，而成为新时代的一位前驱者的。

两位先生都富于理性，养成了科学的头脑，这很容易得到公认。但他们的生活也并不偏枯，他们是厚于感情，而特别是笃于友谊的。和王国维"相识将近三十年"的殷南先生所写的《我所知道的王静安先生》里面有这样的一节话："他平生的交游很少，而且沉默寡言，见了不甚相熟的朋友是不愿意多说话的，所以有许多的人都以为他是个孤僻冷酷的人。但是其实不然，他对于熟人很爱谈天，不但是谈学问，尤其爱谈国内外的时事。他对于质疑问难的人,是知无不言,言无不尽。偶尔遇到辩难的时候,他也不坚持他的主观的见解,有时也可以抛弃他的主张。真不失真正学者的态度。"(见述学社《国学月报·王静安先生专号》,一九二七年十月三十一日出版)这样的态度,据我从鲁迅先生的亲近者所得来的认识,似乎和鲁迅先生的态度也很类似。据说鲁迅先生对于不甚相熟的朋友也不愿意多说话,因此有好些人也似乎以为鲁迅是一位孤僻冷酷的人。但他对于熟人或质疑问难的人,却一样是知无不言,言无不尽的。两位先生都获得了许多青年的爱戴,即此也可以证明,他们的性格是博爱容众的。

但在这相同的种种迹象之外,却有不能混淆的断然不同的大节所在之处。那便是鲁迅先生随着时代的进展而进展,并且领导了时代的前进;而王国维先生却中止在了一个阶段上,竟成为了时代的牺牲。王先生很不幸地早生了几年,做了几年清朝的官;到了一九二三年更不幸地受了废帝溥仪的征召,任清宫南书房行走,食五品俸。这样的一个菲薄的蜘蛛网,却把他紧紧套着了。在一九二七年的夏间,国民革命军在河南打败了张作霖,一部分人正在兴高采烈的时候,而他却在六月二日(农历五月三日)跳进颐和园的湖水里面淹死了。在表面上看来，他的一生好像很眷念着旧朝，入了民国之后虽然已经十六年，而他始终不曾剪去发辫，俨然以清室遗臣自居。这是和鲁迅先生迥然不同的地方，而且也是一件很稀奇的事。他是很有科学头脑的人，做学问是实事求是，丝毫不为成见所囿，并且异常胆大，能发前人所未能发，言腐儒所不敢言，而独于在这生活实践上却呈出了极大的矛盾。清朝的遗老们在王先生死了之后，曾谥之为"忠悫公"，这谥号与其说在尊敬他，无宁是在骂他。忠而悫，不是骂他是愚忠吗？真正受了清朝的深恩厚泽的大遗老们，在清朝灭亡时不曾有人死节，就连身居太师太傅之职的徐世昌，后来不是都做过民国的总统吗？而一个小小的亡国后的五品官，到了民国十六年却还要"殉节"，不真是愚而不可救吗？遗老们在下意识中实在流露了对于他的嘲悯。不过问题有点蹊跷，知道底里的人能够为王国维先生辩白。据说他并不是忠于前朝，而是别有死因的。他临死前写好了的遗书，重要的几句是"五十之年，只欠一死，经此世变，义无再辱"。没有一字一句提到了前朝或者逊帝来。这样要说他是"殉节"，实在是有点说不过去。况且当时时局即使危迫，而逊帝溥仪还安然无恙。他假如真是一位愚忠，也应该等溥仪有了三长两短之后，再来死难不迟。他为什么要那样着急？所以他的自杀，我倒也同意不能把它作为"殉节"看待。

据说他的死，实际上是受了罗振玉的逼迫。详细的情形虽然不十分知道，大体的经过是这样的。罗在天津开书店，王氏之子参预其事，大折其本。罗竟大不满于王，王之媳乃罗之女，竟因而大归。这很伤了王国维的情谊，所以逼得他竟走上了自杀的路。前殷南先生的文字里面也有这样的话："偏偏去年秋天，既有长子之丧，又遭挚友之绝，愤世嫉俗，而有今日之自杀。"所谓"挚友之绝"，所指的应该就是这件事。伪君子罗振玉，后来出仕伪满，可以说已经沦为了真小人，我们今天丝毫也没有替他隐讳的必要了。我很希望深知王先生的身世的人，把这一段隐事更详细地表露出来，替王洗冤，并彰明罗振玉的罪恶。

但我在这儿，主要的目的是想提说一项重要的关系，就是朋友或者师友。这项关系在古时也很知道重视，把它作为五伦之一，而在今天看来，它的重要性更是有增无已了。这也就是一种重要的社会关系，在一个人的成就上，是一个极其重要的因数。王先生和鲁迅先生的主要不同处，差不多就判别在他们所有的这个朋友关系上面。王先生之所以划然止步，甚至遭到牺牲，主要的也就是朋友害了他。而鲁迅先生之所以始终前进，一直在时代的前头，未始也不是得到了朋友的帮助。且让我更就两位先生的这一项关系来叙述一下吧。

罗振玉对于王国维的一生是关系最密切的一个人，王国维受了他不少的帮助是事实，然而也受了他不少的束缚更是难移的铁案。王先生少年时代是很贫寒的。二十二岁时到上海入东文学社的时候，是半工半读的性质，在那个时候为罗振玉所赏识，便一直受到了他的帮助。后来他们两个人差不多始终没有分离过。罗振玉办《农学报》，办《教育世界》，都靠着王先生帮忙，王先生进学部做官也是出于罗的引荐。辛亥革命以后，罗到日本亡命，王先生也跟着他。罗是一位收藏家，所藏的古器物、拓本、书籍，甚为丰富。在亡命生活中，让王先生得到了静心研究的机会，于是便规范了三十以后的学术的成就。王对于罗似乎始终是感恩怀德的。他为了要报答他，竟不惜把自己的精心研究都奉献了给罗，而使罗坐享盛名。例如《殷虚书契考释》一书，实际上是王的著作，而署的却是罗振玉的名字。这本是学界周知的秘密。单只这一事也足证罗之卑劣无耻，而王是怎样的克己无私、报人以德了。同样的事情尚有《戬寿堂所藏殷虚文字》和《重辑仓颉篇》等书，本是王所编次的，而书上却署的是姬觉弥的名字。这也和鲁迅先生辑成的《会稽郡故书杂集》，而用乃弟周作人名字印行的相仿佛。就因为这样的关系，王更得与一批遗老或准遗老沈曾植、柯绍忞之伦相识，更因缘而被征召入清宫，一层层封建的网便把王先生封锁着了。厚于情谊的王国维不能自拔,便逐渐逐渐地被强迫成为了一位"遗臣"。我想他自己不一定是心甘情愿的。罗振玉是一位极端的伪君子,他以假古董骗日本人的钱,日本人类能言之。他的自充遗老,其实也是一片虚伪,聊借此以沽誉钓名而已。王国维的一生受了这样一位伪君子的束缚,实在是莫大的遗憾。假使王国维初年所遇到的不是这样一位落伍的虚伪者,又或者这位虚伪者比王国维早死若干年,王的晚年或许不会落到那样悲剧的结局吧。王的自杀,无疑是学术界的一个损失。

鲁迅先生的朋友关系便幸运得多。鲁迅先生在留学日本的期中便师事过章太炎。太炎先生的晚年虽然不一定为鲁迅先生所悦服,但早年的革命精神和治学态度,无疑是给了鲁迅先生以深厚的影响的。在太炎先生之外,影响到鲁迅生活颇深的人应该推数蔡元培先生吧?这位精神博大的自由主义者,对于中国的文化教育界的贡献十分宏大,而他对于鲁迅先生始终是刮目相看的。鲁迅的进教育部乃至进入北京教育界都是由于蔡先生的援引。一直到鲁迅的病殁,蔡先生是尽了没世不渝的友谊的。蔡、鲁之间的关系,在我看来差不多有点像罗、王之间的关系。或许不正确吧?然而他们相互间的影响却恰恰相反。鲁迅先生此外的朋友,年辈相同的如许寿裳、钱玄同,年轻一些的如瞿秋白、茅盾，以及成为了终生伴侣的许广平，这些先生们在接受了鲁迅的影响之一面，应该对于鲁迅也发生了回报的影响。就连有一个时期曾经和鲁迅笔战过的后期创造社的几位朋友，鲁迅也明明说过是被他们逼着阅读了好些关于唯物辩证法的文艺理论的书籍的。我这样说，但请读者不要误会，以为我有意抹杀鲁迅先生的主观上的努力。我丝毫也没有那样的意思。我认为朋友的关系是相互的，这是一种社会关系，同时也就是一种阶级关系，我们固然谁也不能够脱离这种关系的影响，然而单靠这种关系，也不一定会收获到如愿的成就。例如岂明老人的环境和社会关系应该和鲁迅先生的是大同小异的吧，然而成就却相反。这也就足以证明主观努力是断然不能抹杀的了。

准上所述，王国维先生和鲁迅先生的精神发展过程，确实是有很多地方相同，然而在很关重要的地方也确实是有很大的相异。在大体上两位先生在幼年乃至少年时代都受过些封建社会的影响。他们从这里蜕变了出来，不可忽视地，两位都曾经经历过一段浪漫主义的时期。王国维喜欢德国浪漫派的哲学和文艺，鲁迅也喜欢尼采，尼采根本就是一位浪漫派。鲁迅的早年译著都浓厚地带着浪漫派的风味。这层我们不要忽略。经过了这个阶段以后,两位先生都走了写实主义的道路,虽然发展的方向各有不同,一位偏重于学术研究,一位偏重于文艺创作,然而方法和态度确是相同的。到这儿,两位先生所经历的是同样的过程,但从这儿以往便生出了悬隔。王国维停顿在旧写实主义的阶段上,受着重重的束缚不能自拔,最后只好以死来解决自己的苦闷,事实上是成了苦闷的俘虏。鲁迅先生则从此骎骎日进了,他从旧写实主义突进到新现实主义的阶段,解脱了一切旧时代的桎梏,而认定了为人民大众服务的神圣任务。他扫荡了敌人,也扫荡了苦闷。虽然他是为肺结核的亢进而终止了战斗,事实上他是克服了死而大踏步地前进了。

就这样,对于王国维先生的死我们至今感觉着惋惜,而对于鲁迅先生的死我们却始终感觉着庄严。王国维好像还是一个伟大的未成品,而鲁迅则是一个伟大的完成。

我要再说一遍,两位先生都是我所钦佩的,他们的影响都会永垂不朽。在这儿我倒可以负责推荐,并补充一项两位先生完全相同的地方,那便是他们都有很好的《全集》传世。《王国维遗书全集》(商务版,其中包括《观堂集林》)和《鲁迅全集》这两部书,倒真是"虽与日月争光可也"的一对现代文化上的金字塔呵!

但我有点惶恐,我目前写着这篇小论时,两个《全集》都不在我的手边,而我仅凭着一本《国学月报》的《王静安先生专号》和许广平先生借给我的一份《鲁迅先生年谱》的校样;因此我只能写出这么一点白描式的轮廓,我是应该向读者告罪的。

再还有一点余波也让它在这儿摇曳一下吧。我听说两位先生都喜欢吸香烟,而且都是连珠炮式的吸法。两位先生也都患着肺结核,然而他们的精神却没有被这种痼疾所征服。特别是这后一项,对于不幸而患了同样病症的朋友,或许不失为一种精神上的安慰和鼓励吧。

一九四六年九月十四日

论郁达夫

我这篇小文不应该叫作"论",只因杂志的预告已经定名为"论",不好更改,但我是只想叙述我关于达夫的尽可能的追忆的。

我和郁达夫相交远在一九一四年。那时候我们都在日本,而且是同学同班。

那时候的中国政府和日本有"五校官费"的协定,"五校"是东京第一高等学校、东京高等师范学校、东京高等工业学校、千叶医学校、山口高等商业学校。凡是考上了这五个学校的留学生都成为官费生。日本的高等学校等于我们今天的高中,它是大学的预备门。高等学校在当时有八座,东京的是第一座,在这儿有为中国留学生特设的一年预备班,一年修之后便分发到八个高等学校去,和日本人同班,三年毕业,再进大学。我和达夫同学而且同班的,便是在东京一高的预备班的那一个时期。

日本高等学校的课程在当时分为三个部门，文哲经政等科为第一部，理工科为第二部，医学为第三部。预备班也是这样分部教授的，但因人数关系，一、三两部是合班教授。达夫开始是一部，后来又转到我们三部来。分发之后，他是被配在名古屋的第八高等，我是冈山的第六高等，但他在高等学校肄业中，又回到一部去了。后来他是从东京帝国大学的政治经济学部毕业，我是由九州帝国大学医学部毕业的。

达夫很聪明，他的英文、德文都很好，中国文学的根底也很深，在预备班时代他已经会做一手很好的旧诗。我们感觉着他是一位才士。他也喜欢读欧美的文学书，特别是小说，在我们的朋友中没有谁比他更读得丰富的。

在高等学校和大学的期间，因为不同校，关于他的生活情形，我不十分清楚。我们的友谊重加亲密了起来的是在一九一八年以后。

一九一八年的下半年我已被分发到九州帝国大学，住在九州岛的福冈市。适逢第六高等学校的同学成仿吾，陪着他的一位同乡陈老先生到福冈治疗眼疾，我们在那时有了一个计划，打算邀集一些爱好文学的朋友来出一种同人杂志。当时被算在我们的同人里面的便有东京帝大的郁达夫、东京高师的田汉、熊本五高的张资平、京都三高的郑伯奇等。这就是后来的创造社的胎动时期。创造社的实际形成还是在两年之后的。

那是一九二〇年的春天,成仿吾在东京帝国大学造兵科研究了三年,该毕业了,他懒得参加毕业考试,在四月一号要提前回国。我自己也因为听觉的缺陷,搅医学搅得不耐烦,也决心和仿吾同路。目的自然是想把我们的创造梦实现出来。那时候达夫曾经很感伤地写过信来给我送行,他规戒我回到上海去要不为流俗所污,而且不要忘记我抛别在海外的妻子。这信给我的铭感很深,许多人都以为达夫有点"颓唐",其实是皮相的见解。记得是李初梨说过这样的话:"达夫是摩拟的颓唐派,本质的清教徒。"这话最能够表达了达夫的实际。

在创造社的初期达夫是起了很大的作用的。他的清新的笔调,在中国的枯槁的社会里面好像吹来了一股春风,立刻吹醒了当时的无数青年的心。他那大胆的自我暴露,对于深藏在千年万年的背甲里面的士大夫的虚伪,完全是一种暴风雨式的闪击,把一些假道学、假才子们震惊得至于狂怒了。为什么?就因为有这样露骨的真率,使他们感受着作假的困难。于是徐志摩"诗哲"们便开始痛骂了。他说:创造社的人就和街头的乞丐一样,故意在自己身上造些血脓糜烂的创伤来吸引过路人的同情。这主要就是在攻击达夫。

达夫在暴露自我这一方面虽然非常勇敢，但他在迎接外来的攻击上却非常脆弱。他的神经是太纤细了。在初期创造社他是受攻击的一个主要对象。他很感觉着孤独，有时甚至伤心。记得是一九二一年的夏天，我们在上海同住。有一天晚上我们同到四马路的泰东图书局去，顺便问了一下在五月一号出版的《创造》季刊创刊号的销路怎样。书局经理很冷淡地答应我们："二千本书只销掉一千五。"我们那时共同生出了无限的伤感，立即由书局退出，在四马路上接连饮了三家酒店，在最后一家，酒瓶摆满了一个方桌。但也并没有醉到泥烂的程度。在月光下边，两人手牵着手走回哈同路的民厚南里。在那平滑如砥的静安寺路上，时有兜风汽车飞驰而过。达夫曾突然跑向街心，向着一辆飞来的汽车，以手指比成手枪的形式，大呼着："我要枪毙你们这些资本家！"

当时在我，我是感觉着："我们是孤竹君之二子。"

胡适攻击达夫的一次，使达夫最感着沉痛。那是因为达夫指责了余家菊的误译，胡适帮忙误译者对于我们放了一次冷箭。当时我们对于胡适并没有什么恶感，无宁是怀着敬意的。我们是"异军苍头突起"，对于当时旧社会毫不妥协，而对于新起的不负责任的人们也不惜严厉地批评，我们万没有想到以"开路先锋"自命的胡适竟然出以最不公平的态度而向我们侧击。这事在胡适自己似乎也在后悔，他自认为轻易地树下了一批敌人。但经他这一激刺，倒也值得感谢，使达夫产生了一篇名贵一时的历史小说，便以黄仲则为题材的《采石矶》。这篇东西的出现，使得那位轻敌的"开路先锋"也确切地感觉到自己的冒昧了。

胡适是开风气之光的人，我们并不否认。但因出名过早，而膺誉过隆，使得他生出了一种过分的自负心，这也是无可否认的实情。他在文献的考证上有他不可磨灭的成就，但要说到文学创作上来，认真说，他始终是门外汉。然而他的门户之见却是很森严的，他对创造社从来不曾有过好感。对于达夫，他们后来虽然也成为了"朋友"，但在我们第三者看来也不像有过什么深切的友谊。

我在一九二〇年一度回到上海之后，感觉着自己的力薄，文学创作的时机并未成熟，便把达夫拉回来代替了我，而我又各自去搅医学去了。医学搅毕业是一九二三年春，回到上海和达夫、仿吾同住。仿吾是从湖南东下，达夫是从安庆的法政学校解了职回来。当时我们都是无业的人，集中在上海倒也热烈地干了一个时期。《创造》季刊之后，继以《创造周报》《创造日》，还出了些丛书，情形和两年前大不相同了。但生活却是窘到万分。

一九二三年秋天北大的陈豹隐教授要往苏联，有两小时的统计学打算请达夫去担任，名分是讲师。达夫困于生活也只得应允，便和我们分手到了北平。他到北平以后的交游不大清楚，但我相信"朋友"一定很多。然以达夫之才，在北平住了几年，却始终是一位讲师，足见得那些"朋友"对于他是怎样的重视了。

达夫的为人坦率到可以惊人，他被人利用也满不在乎，但事后不免也要发些牢骚。《创造周报》出了一年，当时销路很好，因为人手分散了，而我自己的意识已开始转换，不愿继续下去，达夫却把这让渡给别人作过一次桥梁，因而有所谓创造社和太平洋社合编的《现代评论》出现。但用达夫自己的话来说，他不过是被人用来点缀的"小丑"而已。

达夫一生可以说是不得志的一个人，在北大没有当到教授，后来（一九二四年初）同太平洋社的石瑛先生到武大去曾经担任过教授，但因别人的政治倾向不受欢迎而自己受了连累，不久又离开了武汉。这时候我往日本去跑了一趟又回到了上海来。上海有了"五卅"惨案发生，留在上海的创造社的小朋友们不甘寂寞，又搅起《洪水》半月刊来，达夫也写过一些文章。逐渐又见到创造社的复活。直到一九二六年三月我接受了广州大学文学院长的聘，又才邀约久在失业中的达夫和刚从法国回国的王独清同往广州。

达夫应该是有政治才能的,假如让他做外交官,我觉得很适当。但他没有得到这样的机会。他的缺点是身体太弱,似乎在二十几岁的时候便有了肺结核,这使他不能胜任艰剧。还有一个或许也是缺点,是他自谦的心理发展到自我作践的地步。爱喝酒,爱吸香烟,生活没有秩序,愈不得志愈想伪装颓唐,到后来志气也就日见消磨,遇着什么棘手的事情,便萌退志。这些怕是他有政治上的才能,而始终未能表现其活动力的主要原因吧。

到广州之后只有三个月工夫,我便参加了北伐。那时达夫回到北平去了,我的院长职务便只好交给王独清代理。假使达夫是在广州的话,我毫无疑问是要交给他的。这以后我一直在前方,广州的情形我不知道。达夫是怎样早离开了广州回到上海主持创造社,又怎样和朋友们生出意见闹到脱离创造社,详细的情形我都不知道。在他宣告脱离创造社以后,我们事实上是断绝了交往,他有时甚至骂过我是"官僚"。但我这个"官僚"没有好久便成了亡命客,我相信到后来达夫对于我是恢复了他的谅解的。

一九二八年二月到日本去亡命,这之后一年光景,创造社被封锁。亡命足足十年,达夫和我没有通过消息。在这期间的他的生活情形我也是不大清楚的。我只知道他和王映霞女士结了婚,创作似乎并不多,生活上似乎也不甚得意。记得有一次在日本报上看见过一段消息,说暨南大学打算聘达夫任教授,而为当时的教育部部长王世杰所批驳,认为达夫的生活浪漫,不足为人师。我感受着异常的惊讶。

就在芦沟桥事变前一年(一九三六)的岁暮达夫忽然到了日本东京,而且到我的寓所来访问我。我们又把当年的友情完全恢复了。他那时候是在福建省政府做事情,是负了什么使命到东京的,我已经不记忆了。他那时也还有一股勃勃的雄心,打算到美国去游历。就因为他来,我还叨陪着,和东京的文人学士们周旋了几天。

次年的五月,达夫有电报给我,说当局有意召我回国,但以后也没有下文。七月芦沟桥事变爆发了,我得到大使馆方面的谅解和暗助,冒险回国。行前曾有电通知达夫,在七月十七日①到上海的一天,达夫还从福建赶来,在码头上迎接着我。他那时对于当局的意态也不甚明了,而我也没有恢复政治生活的意思,因此我个人留在上海,达夫又回福建去了。

一九三八年,政治部在武汉成立,我又参加了工作。我推

---

① 此处日期疑有误。作者从日本回到上海的时间应为七月二十七日。——《郭沫若全集》注

荐了达夫为设计委员,达夫挈眷来武汉。他这时是很积极的,曾经到过台儿庄和其他前线劳军。不幸的是他和王映霞发生了家庭的纠葛,我们也居中调解过。达夫始终是挚爱着王映霞的,但他不知怎的,一举动起来便不免不顾前后,弄得王映霞十分难堪。这也是他的自卑心理在作祟吧?后来他们到过常德,又回到福州,再远赴南洋,何以终至于乖离,详细的情形我依然不知道。只是达夫把他们的纠纷作了一些诗词,发表在香港的某杂志上,怕是最大的原因吧。那一些诗词有可以称为绝唱,但我们设身处地替王映霞女士作想,那实在是令人难堪的事。自我暴露,在达夫仿佛是成为一种病态了。别人是"家丑不可外扬",而他偏偏要外扬,说不定还要发挥他的文学的想象力,构造出一些莫须有的"家丑"。公平地说,他实在是超越了限度。暴露自己是可以的,为什么要暴露自己的夫人?这夫人假使是旧式的无知的女性,或许可无问题,然而不是,故所以他的问题弄得来不可收拾了。

达夫到了南洋以后,他在星岛编报,许多青年在文学上受着他的熏陶,都很感激他。南太平洋战事发生后,星加坡沦陷,达夫的消息便失掉了。有的人说他已经牺牲,有的人说他依然健在,直到最近才得到确实可靠的消息,他可能是已经不在人世了。

十天前，达夫的一位公子郁飞来访问我，他把沈兹九女士写给他的回信给我看，并抄了一份给我，他允许我把它公布出来。凡是达夫的朋友，都是关心着达夫的生死的，一代的文艺战士假使只落得一个惨淡的结局，谁也会感觉着悲愤的吧。

郁飞小朋友：

信早收到。因为才逃难回来，所以什么事情都得从头理起，忙得很，到今天才复你，你等得很着急了吧。

你爸爸是在日本人投降后一个星期才失踪的，到现在还没有回来，大约是凶多吉少了。关于你爸爸的事是这样：在星加坡沦陷前五天，我们一同离开星加坡到了苏门答腊附近小岛上，后来又溜进了苏门答腊。那时我们大家都改名换姓，化装了生意人，谁也不知道我们的来历。有一次你爸爸不小心，讲了几句日本话，就被日本宪兵来抓去，强迫他当翻译。他没有办法，用"赵廉"这个假名在苏岛宪兵部工作了六个月。在这期间，他用尽方法掩护自己，同时帮忙华侨，所以他给当地华侨印象极好。他在逃难中间的生活很严肃。那时我们也在同一个地方，不过我们住的是乡下。他常常偷偷地来看我们，告诉我们日本人的种种暴行，所以他非常恨日本人。后来，他买通了一个医生，说有肺病不得不辞职，日本人才准了他。

一年半以后，星加坡来了一个汉奸，据告日本宪兵，说他在做国际间谍。当地华侨为这事被捕的很多，日本人想从华侨身上知道你爸爸是否真有间谍行为，结果谁也说没有；所以仍能平安无事。在这事发生以前，我们因为邵宗汉先生和王任叔伯伯在棉兰，要我们去，我们就去棉兰了。他和汪金丁先生和其他的朋友在乡间开了一间酒店，生意很好，就此维持生活。

直到日本人投降后，他想从此可以重见天日了，谁知一天夜里，有一个人来要求他帮忙一件事情，他就随便蹑了一双木屐从家里走出，就此一去不返。至于来诱他出去的人那是谁，现在还不清楚，大约总是日本人。我们为了这事从棉兰赶回苏，多方面打听，毫无结果。以后我们到了星加坡，又报告了英军当局，他们只说叫当地日本人去查（到现在，那里还是日军维持秩序），哪会有呢？

问题是在此：日本降后，照例兵士都得回国，而宪兵是战犯，要在当地听人民控告的。人民控告时，要有人证物证，你爸爸是最好的人证，所以他们要害死他了。而他当时没有想到这一层；没有早早离开，反而想在当地做一番事业。

你不要哭,在这几年当中,你爸爸很勇敢,很坚决,这在你也很有荣誉的。况且人总有一死的呀,希望你努力用功!再会。

你的大朋友　沈兹九

看到这个"凶多吉少"的消息,达夫恐怕确实是不在人世了。这也是生为中国人的一种凄惨,假使是在别的国家,不要说像达夫这样在文学史上不能磨灭的人物,就是普通一个公民,国家都要发动它的威力来清查一个水落石出的。我现在只好一个人在这儿作些安慰自己的狂想。假使达夫确实是遭受了苏门答腊的日本宪兵的屠杀,单只这一点我们就可以要求把日本的昭和天皇拿来上绞刑台!英国的加莱尔说过"英国宁肯失掉印度,不愿失掉莎士比亚";我们今天失掉了郁达夫,我们应该要日本的全部法西斯头子偿命!

实在的,在这几年中日本人所给予我们的损失,实在是太大了,大到不用说是不可计量的地步。但就我们所知道的范围内,在我们的朋辈中,怕应该以达夫的牺牲为最惨酷的吧。达夫的母亲,在往年富春失守时,她不肯逃亡,便在故乡饿死了。达夫的胞兄郁华(曼陀)先生,名画家郁风女士的父亲,在上海为伪组织所暗杀。夫人王映霞女士离了婚,已经和别的先生结合。儿子呢？听说小的两个在家乡，大的一个郁飞是靠着父执的资助，前几天飞往上海去了。自己呢？准定是遭了毒手。这真真是不折不扣的"妻离子散，家破人亡"！达夫的遭遇为什么竟要有这样的酷烈！

我要哭，但我没有眼泪。我要控诉，向着谁呢？遍地都是圣贤豪杰，谁能了解这样不惜自我卑贱以身饲虎的人呢？不愿再多说话了。达夫，假使你真是死了，那也好，免得你看见这愈来愈神圣化了的世界，增加你的悲哀。

一九四六年三月六日

附　再谈郁达夫

关于达夫，我已经写过一篇《论郁达夫》，收在《历史人物》里面了。

最近看见王任叔的《记郁达夫》（《人世间》第二卷第一

期），有些地方提到我和达夫间的关系，然而显然有着错误，因此我想再来谈谈。

> 是他，这郁达夫，在日本《人名大字典》上，地位比郭沫若还高。"郭沫若就是这样妒忌我郁达夫的"（达夫亲自对我这么说），谁还不知道郁达夫呢……

我可不相信郁达夫果真说过这样的话，恐怕是王先生记错了吧？

第一，所谓日本《人名大字典》，我就不知道是什么人著的，什么书房出版的。第二，在字典上的地位的高低，我也不懂这意义。既是字典，应该郁达夫是一项，郭沫若是一项。郁达夫的"郁"，照日本的汉读是读为Iku的，郭沫若的"郭"是读为Kaku的。如依罗马字的顺次排列，I在K之前，郁自然比郭会高。如依日本假名排列，无论依照"伊吕波歌"的顺序或"五十音图"的顺序，"郁"字都得在"郭"字之前。再说，依汉文的笔画吧，郁也当得在郭之前。我怎么幼稚到那样可怜，会因在字典上的地位的高低而"妒忌"达夫呢？达夫又何至于幼稚得那样可怜，要说我因为字典上的地位的高低而妒忌他呢？要么，除非那字典的编法，就和班固的《古今人表》

论郁达夫／233

的编法那样，是分了上中下的人品的，不然这字典上的地位的高低，我实在有点不能理解。

或许是编字典的人在叙述我和达夫的项下，曾经为我们较量过高低，而加以评骘吧。这倒是可能的。事实上达夫是比我高，我向来都承认。关于这层，我比任何第三者的日本人认识得更清楚，达夫也是认识得很清楚的。他的天资比我高，学识比我高，外国文和外国文学的修养比我高，中国旧诗的成就比我高，小说是他的专长，当然更比我高。这些我都是一向承认的，我有达夫这样的朋友感觉过骄傲是实在，怎么能说我"妒忌"他呢？要说别种意义上的"地位"，创造社根本就没有过严密的组织，说不上谁高谁低。不过要拿学级来说，成仿吾要高我们一级，应该算他最高。达夫虽然和我同级，但他学的是经济，大学三年毕业，我学的是医学，四年毕业，我在中间为创造社的建立，曾回国休学一年，因此达夫的大学学程是早我两年毕业的，自然他就高过了我。创造社的各种刊物如《创造》季刊、《创造周报》、《创造日》、《创造月刊》，乃至《洪水》半月刊、《流沙》、《文化批判》、《思想》等，我都没有负过主编的名义。初期的几种，主要是达夫和仿吾负责的。如要以主编者来定高低的话，我也得承认，达夫和仿吾都高过我。但我何至于因为这样的高低而生"妒忌"呢！

所以我不能相信达夫会对任叔先生说过那样的话,那一定是王先生记错了。

自然,我和达夫,也有过一些龃龉的地方,那是无可讳言的。普通的"兄弟"不是都还要"阋墙"的吗?但龃龉的动机也并不是出于"妒忌",更说不上是因为地位的高低。本来这些往事,我在有些机会上都是叙述过的,为读者的方便起见,我不妨把来汇集在这儿。

第一次的龃龉:

这是一九二三年在编《创造日》的时候发生的。当时的政学会(即后来的政学系)有一个机关报在上海叫《中华新报》,由张季鸾在主笔政。张季鸾和我们都是大高同学会里面的人(日本留学生毕业于帝国大学及各高等学校者合组为大高同学会),有一次就在同学会的聚餐上,季鸾向我提议,要创造社的朋友们替《中华新报》编一个副刊,我采取了慎重的态度,答应和大家商量。在我和达夫、仿吾商量的时候,我是不赞成出的。我的理由是政学会的倾向有问题,《中华新报》报格不高(当时在上海只是三四等报,销路百来份),我们也忙不过来(当时有《季刊》和《周报》)。但达夫和仿吾都赞成出,我也就退让了。于是我们分工,我对《周报》更多负些责任，仿吾和达夫对《创造日》更多负些责任。但我得承认，我们在情趣上是有些龃龉的。不幸《创造日》只出到一百期，由章士钊的来沪，而被报馆方面提议停刊了。

第二次的龃龉：

这是在《创造日》创刊后不久的事。北大教授陈豹隐要赴苏联，他所担任的统计学，一星期有两个钟点，他打电报来请达夫去担任，充北大的讲师。这时我是不赞成达夫去的。达夫应该把他的使命放在文学上，何必去教统计？讲师的地位不大冠冕，何必屈就？《创造日》刚创刊，达夫一走，如何维持？但达夫和仿吾都主张去，我也就退让了。不过我也得承认，我是感觉着有点不舒服的。特别是达夫去后一直不替创造社的刊物写文章，一时俨然把我们当成了路人。

第三次的龃龉：

这是一九二四年四月《创造周报》办了一周年要停刊的时候。达夫去北平后不写稿子，仿吾已决定赴广东大学任理科教授，我自己在意识上有了转变，《周报》便决定停刊，我跑到日本去搞社会科学去了。而达夫在这时却决计与太平洋社合作，由太平洋社与创造社合办《现代评论》，这是使我最伤感情的一件事。太平洋社的主要人物就是王世杰、周鲠生、杨端六、皮宗石、陈源那一批大学教授，我认为和他们合不拢来，而且把文艺拿去作为并不进步的政论的附庸分明是一种后退。然而达夫和仿吾商议的结果,便在《周报》上登出了合办《现代评论》的预告。我在日本看见这预告时是伤心痛哭过的。结果达夫在《现代评论》的地位,后来自己认为是"小丑",还惹起语丝社的误解认为我们帮凶,我和仿吾都还挨过骂。实在是大不值得的一件事。

第四次的龃龉:

这是一九二七年在北伐期中的事。我那时在南昌,达夫辞去了广州中山大学的教职回上海来专门负责经营创造社。他用"日归"的笔名在《洪水》半月刊上发表了一篇《广东事情》,尽量暴露了广东方面不满人意的地方。我认为不妥当,曾经分别写信与仿吾和达夫,表示意见。那时上海还在孙传芳的管制下,广东情形尽管不满人意,总还是革命的大后方,不好在敌人的管制区域去加以揭露;何况创造社的朋友们都集中在广州,而我又在前方,我们的步调这样不一致,会弄得大家难处。但就以这一封信为导线,后来竟惹得达夫登报声明脱离创造社了。当然也还有别的原因。那时候达夫和上海新月社的人们太接近了,那些人们是在孙传芳、丁文江的羽翼下的,因此便遭了创造社小朋友们的反对。达夫对这,或许曾有误解,以为是出于我的策动。达夫在前多少有过一些偏见,他总以为创造社的小朋友们多是我的私人,其实那完全是误解,达夫后来也当然是觉察了的。

就这样,龃龉又加龃龉,我们终至于闹到过绝交。这些都是事实。但决不是谁"妒忌"谁,也决不是谁的地位高低的问题。在达夫正式宣布绝交后,他公开地写过文章来骂过我,骂过仿吾,骂过创造社的其他的人,有达夫的文章可以复案。我也忍受不过,曾经隐讽地回答过一下,大约是写在《桌子的跳舞》里面的吧。我们那时都还年青,感情彼此都不容易控制,是值得遗憾的事。但我始终对达夫是怀着尊重和惋惜的意思的。我尊重他的天才,尊重他的学殖,尊重他的创作成绩,更尊重他的坦白直率,富于情谊,为了朋友每每不顾一切,把自己置诸度外;但我可惋惜他有时候比我更加轻率,做事情往往太不思前想后,过于冲动,而且他往往过分自贱自卑,这在我看来有点类似于自暴自弃或不自爱不自重的程度的。可是今天我得承认,这些都正是达夫的美德。他那样容易忘我,实在是他的品格崇高的地方。我自己比起他来,实在是庸俗得非常。我虽然也是一位冲动性的人,但比起他来,我要更矜持得多,更有打算得多了。我做一件事情,每每有点过分地思前想后,而采取保守。在表面看来,我好像是一位急进分子,而达夫倾向于消极,而在我们的气质上,认真说,达夫实在比我更要积极进取得多。但他的积极进取性没有得到充分的适当的展开，那是应该归罪于时代和环境的。

然而达夫行事尽管有时候过于轻率，有时候容易被人利用，但他本质上是一位善良而无私的人。他只要一发觉他的轻率，被人利用，他便能够立刻回头，不致陷入太深。他和太平洋社的关系，和新月社的关系，都是这样。但他和创造社的关系却是恢复了的。我们几位老朋友，尽管闹翻过一次，结果还是言归于好了。我们是和兄弟一样，虽然十年反目，但把目再反过来，依然又是兄弟。我现在请说到他和我的复交吧。

那是在一九三六年的年底，达夫曾经游历过一次日本，我那时候还住在日本千叶县的一个乡下市川。他亲自到市川里来访我，我们是高兴得无以复加的。那时的情绪我写过一篇《达夫的来访》，收在《归去来》一个集子里面了。

那一回达夫曾先后到乡间三次。我因为他的关系，也被东京的日本文人们邀去参加过几次欢迎他的宴会。达夫是十二月十七日离开东京的，我还曾赶到东京驿去送行，但正碰着车子开。达夫站在最后一节的头等车的最后的凉台上，挥着帽在向车站上很多送行的人惜别。我跑去杂在那些人众中间，他恐怕是没有看见的（关于这层，后来见面后我也忘记问到）。我跟着车子跑了一段，放开喉咙喊了好几声"达夫"。这些情形仿佛还是昨天的事一样。

达夫那时是在福建省政府做事情，他到东京纯粹是游历性质，但他遭到日本人的误解倒是实在。那时候日本人正积极筹备着对于中国的大侵略，在经济国策上在搞着所谓"战时体制"，在政治上在搞着什么"国体明征"，又有什么"社会新编制"。一句话归总，法西斯体系的完成是在露骨地加紧。因此，一般有爱国情绪的中国留学生也是在被加紧监视中的。达夫在这样的局势下去游历，表面上虽然受着一些文人们的欢迎，而实质上却受着宪兵警察们的监视。在十二月五号，研究中国文学的一部分日本人士曾经邀请达夫在学士会馆讲演，讲中国的诗，但在未开讲之前便被警察禁止了。

第二年七月七日芦沟桥事变爆发，我在七月二十七日便逃回到了中国来。我的回国的经过，在初日本人方面因为不明真相，是有过一番揣测的，他们以为是和达夫有密切的关系。达夫在半年前之来，就是负了这个使命。这种揣测很具体地表现在佐藤春夫的一篇小说里面，题目似乎是《亚细亚的儿子》，曾经在《中央公论》上发表，后来并且电影化了的。那就是把我的归国拿来做了题材，而加以种种想象的成分，并说到我回国大感失望，后来又跑到殷汝耕那边去从事"大东亚和平运动"，做了一座大医院的院长，于是大团圆。中间关于我回国，就把达夫的游日连接上了。他把达夫写成为一个间谍，而且写得很坏。这位佐藤春夫和我们并不生疏，他在介绍鲁迅上更曾经被国内一部分的朋友们感觉着亲昵的，但他事实上是日本军阀的一个号筒，他是大日本主义的一位积极的鼓吹者。达夫游历东京时，对他曾经特别表示过敬意，但没想出在他的笔下竟被写成了不可想象的反派。达夫为这事曾经写过文章来驳斥，那时我们同住在武汉，是武汉还没有陷落的时候。这篇文章将来总可以有方法查出吧。就是佐藤春夫的那篇小说，一定也可以查出的。在武汉时，最初看见那小说的是崔万秋，因为他在国际宣传处服务。他们经过特种关系，是经常可以见到日本的报章和杂志的。

我现在倒感悟到了。佐藤春夫的那篇小说，说不定和达夫的遇害有着密切的关系。他把达夫写成间谍，而把我的回国归到达夫的策动，这可能是代表着日本官宪的意见。即使不是奉命而写，但经他一个人的想象那样写成之后，他是有很多的读者的人，自然可以把那种误解传播得很广，而使那种误解也就成为日本官宪的意见了。这真是一件万分遗憾的事。日本人是很褊狭的，而且复仇心很顽强，达夫如被那样误解，日本宪兵要不甘心他，那真是近情近理的事了。是这样，我们竟直可以说：佐藤春夫把达夫杀害了！

佐藤春夫的揣测，其实完全是误解。这误解传播得似乎很广，就在王任叔的文章里面也说着这样的话：

> 而且，也是他，这郁达夫，曾经做过蒋委员长顾问，当过中央设计委员会的委员；而且还是他，抗战的直前，去过日本，和许世英大使共同设计把郭沫若弄回中国来的。日本人一定是痛恨郁达夫死了的……

这差不多就完全承受着佐藤春夫的揣测。其实关于我的回国，达夫虽然有着一些间接的关系，但对于直接的策动是毫不相干的。我现在可以把我回国的经过，扼要地叙述出来，因为现在是可以公开的时候了。

在芦沟桥事变前两三个月光景，达夫从福州突然给我一个电报，说当局对于我将有重用，要我赶快回国。我回电请他把详细情形告诉我，但他却没有回信。事实也就阴消下去了。

芦沟桥事变发生后，直接帮助了我行动的是钱瘦铁和金祖同。瘦铁在王芃生的系统下做情报工作，他曾经把我的意思通知当时在国内的王芃生，得到了政府的同意，他便为我负责进行购买船票等事项。祖同便奔走于东京与市川之间传递消息。当然大使馆方面也是知道情形的。一切的准备停当了,我于七月二十五日破晓离开市川,在东京和瘦铁、祖同取齐,乘快车到神户,改乘加拿大皇后号回国。祖同是一同跟着我回国的。在动身之前,我曾关照过大使馆,请拍一电报通知达夫。因此,我在七月二十七日到上海时,达夫竟从福州赶来迎接了我。当时我问了达夫,他打电报给我的经过,他只说是当时福建省主席陈公洽要他打的,他也把我的回电给了陈公洽,但以后却没有下文,一切经过的详情他也不知道。他劝我往福州去,但我谢绝了。达夫就在当天下午便乘船回福州去了。

这,就是达夫对于我的回国所参预的全部,事实上他只做了一番间接又间接的传达消息的工作,并不是他"和许世英大使共同设计"把我弄回中国来的。这真是把达夫冤枉死了。但为什么又选到达夫来和我通消息呢?这在后来我是弄清楚了,虽然也并不怎么清楚,只是一个大略。

我回国后便住在上海,当局曾经要我到南京,我没有去。一直到九月底,又由陈诚的推挽,我终竟到了一次南京,见了一次蒋介石,只两三天工夫我又回上海来了。在回上海的前夕,我去访问张群并向他辞行。是他亲自把底细告诉了我,我才把这个闷葫芦凿破了。

原来四五月间,在庐山有重要的聚会,张群和其他的一部分人,说到了我,认为可以让我回来做些工作了。在当时我是受着通缉的,必须蒋介石点一个头,我才有公开回国的可能。张群在一个机会上向蒋提出了,也得到了允许,因此我的回国便不成问题了。但怎样把这消息来通知我呢?陈公洽那时也在庐山,便想到达夫和我的关系,所以就由他通知达夫,由达夫再通知我。这些经过,连达夫自己也是不知道的。

这里顺便我还想叙述一点后来的事。

在上海成为孤岛以后,我以十一月二十七日赴香港,后来又到广州。在第二年的正月六日我接到陈诚的电报邀我到武汉。到了武汉,才知道有政治部的复活,由陈诚任部长,周恩来和黄琪翔任副部长,要我担任第三厅,主持宣传工作。我知道工作的困难,无心再作冯妇,在二月我逃到长沙去躲避了一个月,但终竟躲不掉,只好又回到武汉。筹备了一个月,在四月一日才勉强把三厅成立了,比其他的厅后了两个多月。政治部的编制原本是一厅两处,挨着次序,第三厅是只包含第五处和第六处的。第五处主管文字宣传,由胡愈之担任处长;第六处主管艺术宣传,由田寿昌担任处长。但在筹备中蒋要我们添设一处第七处,主管对敌宣传。我便想请达夫主持,立即打电去福州邀请他。但因工作迫切,等不得他来只得就近请范寿康担任了。因此等达夫到达武汉时,三厅的组织已经完全就绪,便只好聘他为设计委员了。有的人不了解这些经过,曾经责怪过我:认为我既把达夫请来,又不重视他,而给他一个闲差事。这完全是局外人的一种皮相的观察。认真说,三厅的工作连我自己根本就是不愿意担任的。勉强担任下来了,受着种种的牵制,工作无法开展。稍微开展了一些,其他组织动员的工作又配合不上来,而且彼此做些相对消的事。那真是痛尽了头。所以要说是闲,则三厅三处的工作差不多无一不闲。我倒宁肯真的闲下来,可以减少些苛烈的责任感。当时三厅的人大家都是很苦闷的,这不是我一个人的牢骚。因此假如由得我自由,我就让达夫来做厅长,我去做设计委员,倒也是心甘情愿的。达夫在设计委员的地位,曾自由自在地驰骋于台儿庄等战区,在我们倒是艳羡不置的。

总之达夫的长才未尽,竟死难于异域,是可悲的事。而他的死可能还是因为曾经营救我而招致,那就更使我没齿不能泯此哀思了。力量不足,生不能够尽保护朋友的责任,死又不能够表彰,实在是非常的遗憾。

然而达夫是完成了一个有光辉的特异的人格的。鲁迅的韧，闻一多的刚，郁达夫的卑己自牧，我认为是文坛的三绝。

一九四七年十月十八日

论闻一多做学问的态度

最近吴辰伯先生把《闻一多全集》的稿子从北平给我寄了来,除掉少数几篇"缺"或"缓交"的之外,我费了两个礼拜的工夫细细地校读了两遍,校补了一些誊录上的错误和夺落,填写了一些古代文字,更把全部的标点统一了。全稿的字数我没有过细计算,大约总在一百五十万字以上吧。在这里面关于文化遗产的部分要占四分之三,关于近代学识,特别是参加民主运动以来的著述,仅占极少数。因此从这整个的遗稿上使我得到一个这样的印象:一棵茁壮的向日葵刚刚才开出灿烂的黄花,便被人和根拔掉,毁了。

"千古文章未尽才",这是夏完淳哭他的内兄钱漱广的一句诗。这两三个礼拜来老是在我的脑子里和口角上盘旋着。闻一多先生的大才未尽,实在是一件千古的恨事。他假如不遭暗害,对于民主运动不用说还可以做更大的努力,就在学问研究上也必然会有更大的贡献的。

我本来打算再把遗稿作第三次的校读，然后细心地来写一篇《闻一多的为人及其为学》那样的文章。但《大学》的主编夏康农先生为了急于要纪念一多，一定要叫我提前写作。我现在只好粗枝大叶地写些他的做学问的态度吧，但主要打算局限在整理古代遗产这一方面。

一多对于文化遗产的整理工作，内容是很广泛的，但他所致力的对象是秦以前和唐代的诗与诗人。关于秦以前的东西除掉一部分的神话传说的再建之外，他对于《周易》《诗经》《庄子》《楚辞》这四种古籍，实实在在下了惊人的很大的工夫。就他所已成就的而言，我自己是这样感觉着：他那眼光的犀利、考证的赅博、立说的新颖而翔实，不仅是前无古人，而且恐怕还要后无来者的。这些都不是我一个人在这儿信口开河，将来他的《全集》刊布后，凡是细心阅读过它的人，我相信都会要发生同感。我现在姑且举两个例子在这儿。

第一，他有一篇《诗新台鸿字说》，解释《诗经·邶风·新台》里面"鱼网之设，鸿则离之"的那个"鸿"字。两千多年来读这诗的谁都马虎过去了，以为是"鸿鹄"的"鸿"，但经一多先生从正面、反面、侧面来明证，才知道这儿的"鸿"是指蟾蜍即虾蟆。古人曾叫虾蟆或蟾蜍为"苦蠪"(见《广雅·释鱼》和《名医别录》),"苦蠪"就是"鸿"的切音了。"苦蠪"为"鸿"亦犹"窟笼"为"孔"、"喉咙"为"亢"。而更巧妙的是有一种草名叫"屈茏"的,别名也叫着"鸿"。《淮南子·地形》"海间生屈茏",高诱注云:"屈茏,游龙,鸿也。"这确是很重要的发现。要把这"鸿"解成虾蟆,然后全诗的意义才能畅通。全诗是说本来是求年青的爱侣却得到一个弓腰驼背的老头子,也就如本来是想打鱼而却打到了虾蟆的那样。假如是"鸿鹄"的"鸿",那是很美好的鸟,向来不含恶义,而且也不会落在鱼网子里,那实在是讲不通的。然而两千多年来,差不多谁都以这不通为通而忽略过去了。

其次,再举《天问·释天》里面解释"顾菟"的一条吧。"夜先何德,死则又育?厥利维何,而顾菟在腹?"这是问的月亮的情形。向来的人都把"顾"和"菟"分开来,认为"顾"是"顾望",而"菟"就是"兔子"。到了清代的毛奇龄,认为"顾菟"不能分开,是月中的兔名,算是进了一步。直到闻一多先生,又才举出了十一项证据来,证明"顾菟"就是蟾蜍的别名。蟾蜍一名"居蠪",与"顾菟"实一音之转。同一转语则为"科斗"为"活东",与蟾蜍实为一体。《汉少室神道阙》刻月中蟾蜍四足一尾,宛如科斗后期之形,故知"顾菟"亦即"科斗"。闻先生举了十一例以证成其说,虽然他还在浩叹"既无术以起屈子于九泉之下以为吾质,则吾虽辩,其终不免徒劳乎?噫!",但我敢于相信,他的发现实在是确凿不易的,并不是"徒劳"。

像这样细密新颖地发前人所未发的胜义,在全稿中触目皆是,真是到了可以使人瞠惑的地步。这样一位富有发明力的天才,我隐隐地感觉着,可惜是用在文字学或文献学这一方面来了。假如是用在自然科学或技术科学方面,不会成为更有益于全人类的牛顿和爱迪生吗?我固然无心要在文献学和自然科学或技术科学中定出轩轾的差别。用科学的方法来治理文献或文学,其实也就是科学。但如站在功利的立场,那价值的广狭,的确是大有由旬的。虽然在中国也尽有的是这样的功利学者,认为一个古字古义的发明实不亚于天文学家发现了一个星球。或许是吧,但我并不想那样夸张地看,我相信闻一多先生也不曾那样夸张地看的。

闻先生治理古代文献的态度,他是承继了清代朴学大师们的考据方法,而益之以近代人的科学的致密。为了证成一种假说,他不惜耐烦地小心地翻遍群书。为了读破一种古籍,他不惜在多方面做苦心的彻底的准备。这正是朴学家所强调的实事求是的精神，一多是把这种精神彻底地实践了。唯其这样，所以才能有他所留下的这样丰富的成绩。但他的彻底处并不是仅仅适用于考据，他把考据这种工夫仅是认为手段，而不是认为究极的目的的。请看他在《楚辞校补》的引言上所说的这样的话吧：

> 较古的文学作品所以难读，大概不出三种原因。（一）先作品而存在的时代背境与作者个人的意识形态，因年代久远，史料不足，难于了解；（二）作品所用的语言文字，尤其那些"约定俗成"的白字（训诂家所谓"假借字"），最易陷读者于多歧亡羊的苦境；（三）后作品而产生的传本的讹误，往往也误人不浅。《楚辞》恰巧是这三种困难都具备的一部古书，所以在研究它时，我曾针对着上述诸点，给自己定下了三项课题：（一）说明背境，（二）诠释词义，（三）校正文字。

凡是古书，把这三种困难都是具备着的，事实上并不限于《楚辞》。因而他所规定的三项课题，其实也就是研究古代文献上的共同的课题。尤其是第一种，那是属于文化史的范围,应该是最高的阶段。但中国自秦、汉以来两千多年,实在还没有产生出过一部好好的文化史。专家的研究也是同样。汉儒的研究是在第二、第三阶段上盘旋,宋儒越躐了第三阶段,只是在第二阶段的影子上跳跃。清儒又回到第二、第三阶段上来,然而也只在这里踯躅,陶醉于训诂名物的糟粕而不能有所超越。这是当然的。要想知道"时代背景"和"意识形态",须要超越了那个时代和那个意识才行。"不识庐山真面目,只缘身在此山中。"不能超越那个时代和意识,那便无从客观地认识那个时代和那个意识,不用说你更不能够批判那个时代和那个意识。就像孩儿期中孩儿自身不明白自己的处境和意识的一样,两千多年的封建社会的停滞也就必然地汇成了封建意识的污潴。要澄清这污潴,今天正是时候了。

我们再看一多先生在《楚辞校补》的引言中叙述着他的苦衷吧。他认为他所拟定的三项课题,最好是同时交卷,然而为情势所迫,他一时不能够全部完成,"只好将最下层,也是最基本的第三项——校正文字的工作,先行结束,而尽量将第二项——诠释词义的部分容纳在这里"。他认为这是"权变的办法",是他所极不愿做的。然而为了"可以腾出时间来多做点别的事",他终于这样做了。这引言是写于一九四一年的十二月八日,也正是民主运动开始发动的时候,我们看他这样急于想"腾出时间来多做点别的事"的苦心,不可以看出一多先生以后的活动是早有部署在心的吗?但我在这儿注意地引用到这段文字的用意,倒侧重在他对于自己所从事的工作具有全盘的计划,而且在完成计划的各个步骤上的评价他是丝毫也没有陷于自我陶醉的。"校正文字"和"诠释词义"的工作,这些正是考据家们所兢兢焉乐道的事业,而在他只是基本的准备工作,而且"校正文字"还只是"最下层"。这不明显地表示着:他丝毫也没有把自己的工作做过分的夸大视吗?他的《楚辞校补》在他自己看来既只是第二、第三阶段上的作品,我们准据着这同一的自白,也可以知道,他对于他的《周易义证类纂》《诗经新义》《诗经通义》《庄子内篇校释》《离骚解诂》等,这样一连串的在文字训诂上极有价值永垂不朽的文字,也不过是视为第二、第三阶段的工作罢了。其实这些著作,当代的考据家们,假使能有得一篇,也就尽足以自豪的。事实上是他们一篇也没有,已经就在自豪了。一些旧式的或新式的卫道者,不是根本连字都不认识,便在那儿以仲尼复活、墨翟再生自命吗?闻先生不是这样的糊涂虫。他虽然在古代文献里游泳,但他不是作为鱼而游泳,而是作为鱼雷而游泳的。他是为了要批判历史而研究历史,为了要扬弃古代而钻进古代里去刳它的肠肚的。他有目的地钻了进去,没有忘失目的地又钻了出来。这是那些古籍中的鱼们所根本不能想望的事。

一九四四年的五月三日的晚上,在昆明的联大新舍南区十号教室里,曾经举行过一次"五四"历史座谈,据记录,在周炳琳、张奚若等先生发言之后,闻一多发言。他曾经这样说过:

> 刚才张先生说辛亥革命是形式上的革命,"五四"是思想革命,正中下怀,但是你们现在好像是在审判我,因为我是在被革的系——中文系里面的。但是我要和你们里应外合!

他这就是说钻进"中文"——中国文学或中国文化——里面去革中文的命。他说"封建社会的东西全是要不得的。我相信,凭我的教育经验和心得,它是实在要不得的。中文系的任务就是要知道它的要不得,才不至于开倒车"。今天搞中文的人谁个具有这样的抱负?旧式的卫道者不用说了,就拿现在一些搞"国文"的新式学者来说,不是月月都在那儿祖述桐城,甚至还在赞扬八股吗?那些君子们不用说不是中文的革命叛徒,简直是唐、宋盛世的辅命功臣了。要说猗欤休哉,也的确是值得说一声猗欤休哉的!

然而一多先生却不是这样的功臣！他搞中文是为了"里应外合"来完成"思想革命"。这就是他的治学的根本态度。为了要得虎子而身入虎穴，决不是身入虎穴去为虎作伥。他在写考证文字的时候照例使用文言，但他认为"未能免俗"，他梦想着要用白话文来写考证文字。这也是见于《楚辞校补》引言里的话，可见他就在迫不得已使用文言上，都没有忘记要扬弃文言。但他在第一阶段的工作——即最上层的批判时代背境与意识形态上，他是断然把文言扬弃了的。这段工作，他虽然做得不多，但已经开始在做。而且在做的过程中，他自己的意识形态已经有了变迁和改进，也是可以明白地看出的。这可以把他的《庄子》和《人民诗人屈原》两篇文章拿来做证明。

一多先生不仅在《庄子》的校释上做了刻苦的工夫，他另外有一篇题名就叫《庄子》的论文，直可以说是对于庄子的最高的礼赞。这篇文章可惜稿件中没有注出写作的年月（整个《一多全集》稿的缺点，便是各篇文章都没有注上年月），不知是什么时候写的。但从那内容上看来，必然是他比较早年的作品。他是在那儿诚心诚意地赞美庄子，不仅陶醉于庄子的汪洋恣肆的文章，而且还同情于他的思想。请看下面的这些摘录吧。

有大智慧的人们都会认识道的存在,信仰道的实有,却不像庄子那样热忱地爱慕它。……

是诗便少不了那一个哀艳的"情"字。《三百篇》是劳人思妇的情;屈、宋是仁人志士的情;庄子的情可难说了,只超人才载得起他那种神圣的客愁。所以庄子是开辟以来最古怪、最伟大的一个精神。……

读《庄子》的人,定知道那是多层的愉快。你正在惊异那思想的奇警,在那踌躕的当儿,忽然又发觉一件事,你问那精微奥妙的思想何以竟有那样凑巧的曲达圆妙的辞句来表现它,你更惊异;再定神一看,又不知道哪是思想哪是文字了,竟许什么也不是,而是经过化合作用的第三种东西,于是你尤其惊异。这应接不暇的惊异,使你加倍地愉快,乐不可支。这境界,无论如何,在庄子以前,绝对找不到,以后,遇着的机会确实也不多。……

文中之支离疏,画中的达摩,是中国艺术里最特色的两个产品。正如达摩是画中有诗,文中也常有一种"清魄入图画,视之如古铜古玉"(龚自珍《书金伶》)的人物,都代表中国艺术中极高古、极纯粹的境地;而文学中这种境界的开创者则推庄子。……这种以丑为美的兴趣,多到庄子那程度,或许近于病态;可是谁知道,文学不根本便犯着那嫌疑呢!

　　这和《死水》中所表现的思想有一脉相通的地方,大约就是新月时代的闻一多的表白吧?你看他那陶醉于《庄子》的"乐不可支"的神情!他在迷恋着"超人",迷恋着"高古""神圣""古铜古玉""以丑为美"(《死水》的主要倾向便在刻意于此),甚至于迷恋于庄子的"道"。"认识道的存在""信仰道的实有"的是"有大智慧的"人。意在言外地憧憬着要"像庄子那样热忱地爱慕它"。庄子的"道"是什么?那是我们中国古代的黄老学派所悬拟的宇宙万汇的本体。眼前的宇宙万汇是可视、可闻、可嗅、可触的感官界,但这感官界的来源是有一个超越于感官的不可视、不可闻、不可嗅、不可触的实质的本体。那本体的名字就叫着"道"。宇宙万汇都是这"道"的化身,一切变化都是"道"的活动。"道"是宇宙万汇的创化者,也就是宇宙万汇的真正的主宰者("真宰")。所以"道"这个东西其实就是前一时代的所谓"上帝"的混沌化,"上帝"是有眼耳口鼻的人形,"道"是没有眼耳口鼻的混沌而已。万物都是"道",也就是说万物都是神。庄子的思想在我们中国古代本是一种泛神论的思想。这种思想和印度的古代、希腊的古代某些形而上学家的想法是共通的，在反对神、反对宗教、反对建立在教权上的统治方式上，很有足以使人迷恋的地方。而加以庄子的古今独步的文笔，的确是陶醉了不少的人。我自己在年青的时候也就是极端崇拜庄子的一个人，就是晚年来反对庄子最力的鲁迅，他也很称赞庄子的文章，甚至于也沾染过庄子的思想。鲁迅自己说过："就在思想上，也何尝不中些庄周和韩非的毒，时而很随便，时而很峻急。"（《写在"坟"后面》）但鲁迅是从庄子思想中蜕变了出来，闻一多也同样把庄子思想扬弃了。

闻一多扬弃了庄子思想，这表现在什么地方呢？这表现在他日后一转而痛骂道家了。

> 一个儒家做了几任"官"，捞得肥肥的，然后撒开腿就跑，跑到一所别墅或山庄里，变成一个什么居士，便是道家了。（《关于儒·道·土匪》）

他斥墨家是土匪、儒家是偷儿、道家是骗子。他说："讲起穷凶极恶的程度来，土匪不如偷儿，偷儿不如骗子，那便是墨不如儒，儒不如道。"这是把道家思想清算得很痛快的。

如从对于文化史的贡献上来说，这层思想的转变可以说很具体地表现在他的由庄子礼赞转而为屈原颂扬。

我们在上述《庄子》一文中看见他以屈原和宋玉并称,说"屈、宋是仁人志士的情",没有庄子伟大。这完全是一种旧式的看法。但在近作《人民诗人屈原》里面,看法便完全不同了。"是什么使得屈原成为人民的屈原"的?他举出了四种原因。第一,屈原虽然是楚国的同姓,却"早被打落下来,变成一个作为宫廷弄臣的卑贱的伶官。……这样,首先在身份上,屈原便是属于广大人民群中的"。第二,"屈原最主要的作品——《离骚》的形式,是人民的艺术形式。……次要的作品——《九歌》是民歌"。第三,"在内容上,《离骚》无情地暴露了统治阶层的罪行,严正地宣判了他们的罪状。……用人民的形式,喊出了人民的愤怒"。第四,"屈原的死,更把那反抗情绪提高到爆炸的边沿,只等秦国的大军一来,就用溃退和叛变的方式,来向他们万恶的统治者,实行报复性的反击。历史决定了暴风雨的时代必然要来到,屈原一再地给这时代执行了'催生'的任务"。

这四种条件,在他认为,若缺少了一件,便不能成为真正的人民诗人。"尽管陶渊明歌颂过农村,农民不要他,李太白歌颂过酒肆,小市民不要他,因为他们既不属于人民,也不是为着人民的。杜甫是真心为着人民的,然而人民听不懂他的话。屈原虽没写人民的生活,诉人民的痛苦,然而实质的等于领导了一次人民革命,替人民报了一次仇。屈原是中国历史上唯一有充分条件称为人民诗人的人。"

就这样,闻一多先生由庄子礼赞变而为屈原颂扬,而他自己也就由绝端个人主义的玄学思想蜕变出来,确切地获得了人民意识。这人民意识的获得也就保证了新月诗人的闻一多成为了人民诗人的闻一多。假使屈原果真是"中国历史上唯一有充分条件称为人民诗人的人",那么有了闻一多,有了闻一多的死,那"唯一"两个字可以取消了。屈原由于他的死,把楚国人民反抗的情绪提高到了爆炸的边沿;闻一多也由于他的死,把中国人民反抗的情绪提高到了爆炸的边沿了。替人民报仇者,人民亦必为之报仇;为革命催生者,革命亦必为之催生——催向永生的路上行进。

闻一多毫无疑问是永生了。他真真是"求仁得仁"。他不仅在做学问上获得了人民意识,而在做人上更保障了人民意识的确切获得。然而话又得说回来,他的很快地便被催向永生,在一多自己虽然是一种至上的成就,在人民也就是一种历史的收获,然而很苦痛地是伴随了一个过高的代价。假如在一多获得了人民意识之后,再多活得十年,让他在事业上,在学问上，更多多地为人民服务，人民的收获想来也不会更微末的吧？在他把文化史批判的准备工作刚好完成，正有充分的资格来担当批判过去、创造将来的时候，却没有让他用笔来完成他的使命，而是用血来完成了。不能过分矫情地说，这不是重大的损失。

"千古文章未尽才"，在今天我读着一多的全部遗著，在惊叹他的成绩的卓越之余，仍不能不为中国的人民，不能不为人民本位的中国文化的批判工作，怀着无穷的隐痛。"一个人倒下去，千百万个人起来！"在革命工作上我虔诚地希望能够这样，在为人民服务的学术工作上我也虔诚地希望能够这样。

一九四七年八月七日

《历史人物》版本一览

1947年8月,(上海)海燕书店,初版。

1951年6月,(上海)新文艺出版社,再版。

1952年3月,作者对篇目略作调整,删去《王阳明》一篇,收入《屈原研究》一篇。此后重印的单行本,基本尊重此修改。

1959年6月,(北京)人民文学出版社,出版《沫若文集》,《历史人物》被编入第十二卷,具体篇目文章有增减。

20世纪70年代,(日本)雄浑社,出版《郭沫若选集》,《历史人物》被编入第十五卷。

1979年,(北京)人民文学出版社,出版单行本,以《沫若文集》版为依据。

1982年9月,(北京)人民出版社,出版《郭沫若全集·历史编》,《历史人物》被编入第四卷,部分篇目文章被编入其他卷。

2005年2月,(北京)中国人民大学出版社,出版单行本,以《郭沫若全集》版为依据,并增补《再谈郁达夫》一文作为《论郁达夫》的附录。

本次出版,以1947年初版为依据,去除原先未收录的《屈原研究》一篇,恢复《王阳明》一篇,并增补《再谈郁达夫》一文作为《论郁达夫》的附录。

国家新闻出版广电总局
首届向全国推荐中华优秀传统文化普及图书

大家小书书目

国学救亡讲演录	章太炎 著 蒙木 编
门外文谈	鲁迅 著
经典常谈	朱自清 著
语言与文化	罗常培 著
习坎庸言校正	罗庸 著 杜志勇 校注
鸭池十讲（增订本）	罗庸 著 杜志勇 编订
古代汉语常识	王力 著
国学概论新编	谭正璧 编著
文言尺牍入门	谭正璧 著
日用交谊尺牍	谭正璧 著
敦煌学概论	姜亮夫 著
训诂简论	陆宗达 著
金石丛话	施蛰存 著
常识	周有光 著 叶芳 编
文言津逮	张中行 著
经学常谈	屈守元 著
国学讲演录	程应镠 著
英语学习	李赋宁 著
中国字典史略	刘叶秋 著
语文修养	刘叶秋 著
笔祸史谈丛	黄裳 著
古典目录学浅说	来新夏 著
闲谈写对联	白化文 著
汉字知识	郭锡良 著
怎样使用标点符号（增订本）	苏培成 著
汉字构型学讲座	王宁 著

诗境浅说	俞陛云 著
唐五代词境浅说	俞陛云 著
北宋词境浅说	俞陛云 著
南宋词境浅说	俞陛云 著
人间词话新注	王国维 著 滕咸惠 校注
苏辛词说	顾随 著 陈均 校
诗论	朱光潜 著
唐五代两宋词史稿	郑振铎 著
唐诗杂论	闻一多 著
诗词格律概要	王力 著
唐宋词欣赏	夏承焘 著
槐屋古诗说	俞平伯 著
词学十讲	龙榆生 著
词曲概论	龙榆生 著
唐宋词格律	龙榆生 著
楚辞今绎讲录	姜亮夫 著
读词偶记	詹安泰 著
中国古典诗歌讲稿	浦江清 著
	浦汉明 彭书麟 整理
唐人绝句启蒙	李霁野 著
唐宋词启蒙	李霁野 著
唐诗研究	胡云翼 著
风诗心赏	萧涤非 著 萧光乾 萧海川 编
人民诗人杜甫	萧涤非 著 萧光乾 萧海川 编
唐宋词概说	吴世昌 著
宋词赏析	沈祖棻 著
唐人七绝诗浅释	沈祖棻 著
道教徒的诗人李白及其痛苦	李长之 著
英美现代诗谈	王佐良 著 董伯韬 编
闲坐说诗经	金性尧 著
陶渊明批评	萧望卿 著

古典诗文述略	吴小如 著	
诗的魅力		
——郑敏谈外国诗歌	郑敏 著	
新诗与传统	郑敏 著	
一诗一世界	邵燕祥 著	
舒芜说诗	舒芜 著	
名篇词例选说	叶嘉莹 著	
汉魏六朝诗简说	王运熙 著	董伯韬 编
唐诗纵横谈	周勋初 著	
楚辞讲座	汤炳正 著	
	汤序波 汤文瑞 整理	
好诗不厌百回读	袁行霈 著	
山水有清音		
——古代山水田园诗鉴要	葛晓音 著	
红楼梦考证	胡适 著	
《水浒传》考证	胡适 著	
《水浒传》与中国社会	萨孟武 著	
《西游记》与中国古代政治	萨孟武 著	
《红楼梦》与中国旧家庭	萨孟武 著	
《金瓶梅》人物	孟超 著	张光宇 绘
水泊梁山英雄谱	孟超 著	张光宇 绘
水浒五论	聂绀弩 著	
《三国演义》试论	董每戡 著	
《红楼梦》的艺术生命	吴组缃 著	刘勇强 编
《红楼梦》探源	吴世昌 著	
《西游记》漫话	林庚 著	
史诗《红楼梦》	何其芳 著	
	王叔晖 图	蒙木 编
细说红楼	周绍良 著	
红楼小讲	周汝昌 著	周伦玲 整理

曹雪芹的故事	周汝昌 著	周伦玲 整理
古典小说漫稿	吴小如 著	
三生石上旧精魂		
——中国古代小说与宗教	白化文 著	
《金瓶梅》十二讲	宁宗一 著	
中国古典小说十五讲	宁宗一 著	
古体小说论要	程毅中 著	
近体小说论要	程毅中 著	
《聊斋志异》面面观	马振方 著	
《儒林外史》简说	何满子 著	
我的杂学	周作人 著	张丽华 编
写作常谈	叶圣陶 著	
中国骈文概论	瞿兑之 著	
谈修养	朱光潜 著	
给青年的十二封信	朱光潜 著	
论雅俗共赏	朱自清 著	
文学概论讲义	老 舍 著	
中国文学史导论	罗 庸 著	杜志勇 辑校
给少男少女	李霁野 著	
古典文学略述	王季思 著	王兆凯 编
古典戏曲略说	王季思 著	王兆凯 编
鲁迅批判	李长之 著	
唐代进士行卷与文学	程千帆 著	
说八股	启 功 张中行 金克木 著	
译余偶拾	杨宪益 著	
文学漫识	杨宪益 著	
三国谈心录	金性尧 著	
夜阑话韩柳	金性尧 著	
漫谈西方文学	李赋宁 著	
历代笔记概述	刘叶秋 著	

周作人概观	舒 芜 著	
古代文学入门	王运熙 著	董伯韬 编
有琴一张	资中筠 著	
中国文化与世界文化	乐黛云 著	
新文学小讲	严家炎 著	
回归,还是出发	高尔泰 著	
文学的阅读	洪子诚 著	
中国文学1949—1989	洪子诚 著	
鲁迅作品细读	钱理群 著	
中国戏曲	么书仪 著	
元曲十题	么书仪 著	
唐宋八大家 ——古代散文的典范	葛晓音 选译	

辛亥革命亲历记	吴玉章 著	
中国历史讲话	熊十力 著	
中国史学入门	顾颉刚 著	何启君 整理
秦汉的方士与儒生	顾颉刚 著	
三国史话	吕思勉 著	
史学要论	李大钊 著	
中国近代史	蒋廷黻 著	
民族与古代中国史	傅斯年 著	
五谷史话	万国鼎 著	徐定懿 编
民族文话	郑振铎 著	
史料与史学	翦伯赞 著	
秦汉史九讲	翦伯赞 著	
唐代社会概略	黄现璠 著	
清史简述	郑天挺 著	
两汉社会生活概述	谢国桢 著	
中国文化与中国的兵	雷海宗 著	
元史讲座	韩儒林 著	

魏晋南北朝史稿	贺昌群 著
汉唐精神	贺昌群 著
海上丝路与文化交流	常任侠 著
中国史纲	张荫麟 著
两宋史纲	张荫麟 著
北宋政治改革家王安石	邓广铭 著
从紫禁城到故宫 ——营建、艺术、史事	单士元 著
春秋史	童书业 著
明史简述	吴 晗 著
朱元璋传	吴 晗 著
明朝开国史	吴 晗 著
旧史新谈	吴 晗 著 习 之 编
史学遗产六讲	白寿彝 著
先秦思想讲话	杨向奎 著
司马迁之人格与风格	李长之 著
历史人物	郭沫若 著
屈原研究(增订本)	郭沫若 著
考古寻根记	苏秉琦 著
舆地勾稽六十年	谭其骧 著
魏晋南北朝隋唐史	唐长孺 著
秦汉史略	何兹全 著
魏晋南北朝史略	何兹全 著
司马迁	季镇淮 著
唐王朝的崛起与兴盛	汪 篯 著
南北朝史话	程应镠 著
二千年间	胡 绳 著
论三国人物	方诗铭 著
辽代史话	陈 述 著
考古发现与中西文化交流	宿 白 著
清史三百年	戴 逸 著

清史寻踪	戴 逸 著	
走出中国近代史	章开沅 著	
中国古代政治文明讲略	张传玺 著	
艺术、神话与祭祀	张光直 著	
	刘 静 乌鲁木加甫 译	
中国古代衣食住行	许嘉璐 著	
辽夏金元小史	邱树森 著	
中国古代史学十讲	瞿林东 著	

宾虹论画	黄宾虹 著	
中国绘画史	陈师曾 著	
和青年朋友谈书法	沈尹默 著	
中国画法研究	吕凤子 著	
桥梁史话	茅以升 著	
中国戏剧史讲座	周贻白 著	
中国戏剧简史	董每戡 著	
西洋戏剧简史	董每戡 著	
俞平伯说昆曲	俞平伯 著	陈 均 编
新建筑与流派	童 寯 著	
论园	童 寯 著	
拙匠随笔	梁思成 著	林 洙 编
中国建筑艺术	梁思成 著	林 洙 编
沈从文讲文物	沈从文 著	王 风 编
中国画的艺术	徐悲鸿 著	马小起 编
中国绘画史纲	傅抱石 著	
龙坡谈艺	台静农 著	
中国舞蹈史话	常任侠 著	
中国美术史谈	常任侠 著	
说书与戏曲	金受申 著	
世界美术名作二十讲	傅 雷 著	
中国画论体系及其批评	李长之 著	

金石书画漫谈	启 功 著	赵仁珪 编
吞山怀谷		
——中国山水园林艺术	汪菊渊 著	
故宫探微	朱家溍 著	
中国古代音乐与舞蹈	阴法鲁 著	刘玉才 编
梓翁说园	陈从周 著	
旧戏新谈	黄 裳 著	
民间年画十讲	王树村 著	姜彦文 编
民间美术与民俗	王树村 著	姜彦文 编
长城史话	罗哲文 著	
天工人巧		
——中国古园林六讲	罗哲文 著	
现代建筑奠基人	罗小未 著	
世界桥梁趣谈	唐寰澄 著	
如何欣赏一座桥	唐寰澄 著	
桥梁的故事	唐寰澄 著	
园林的意境	周维权 著	
万方安和		
——皇家园林的故事	周维权 著	
乡土漫谈	陈志华 著	
现代建筑的故事	吴焕加 著	
中国古代建筑概说	傅熹年 著	
简易哲学纲要	蔡元培 著	
大学教育	蔡元培 著	
	北大元培学院 编	
老子、孔子、墨子及其学派	梁启超 著	
春秋战国思想史话	嵇文甫 著	
晚明思想史论	嵇文甫 著	
新人生论	冯友兰 著	
中国哲学与未来世界哲学	冯友兰 著	

谈美	朱光潜 著		
谈美书简	朱光潜 著		
中国古代心理学思想	潘菽 著		
新人生观	罗家伦 著		
佛教基本知识	周叔迦 著		
儒学述要	罗庸 著	杜志勇 辑校	
老子其人其书及其学派	詹剑峰 著		
周易简要	李镜池 著	李铭建 编	
希腊漫话	罗念生 著		
佛教常识答问	赵朴初 著		
维也纳学派哲学	洪谦 著		
大一统与儒家思想	杨向奎 著		
孔子的故事	李长之 著		
西洋哲学史	李长之 著		
哲学讲话	艾思奇 著		
中国文化六讲	何兹全 著		
墨子与墨家	任继愈 著		
中华慧命续千年	萧萐父 著		
儒学十讲	汤一介 著		
汉化佛教与佛寺	白化文 著		
传统文化六讲	金开诚 著	金舒年 徐令缘 编	
美是自由的象征	高尔泰 著		
艺术的觉醒	高尔泰 著		
中华文化片论	冯天瑜 著		
儒者的智慧	郭齐勇 著		
中国政治思想史	吕思勉 著		
市政制度	张慰慈 著		
政治学大纲	张慰慈 著		
民俗与迷信	江绍原 著	陈泳超 整理	
政治的学问	钱端升 著	钱元强 编	

从古典经济学派到马克思	陈岱孙 著	
乡土中国	费孝通 著	
社会调查自白	费孝通 著	
怎样做好律师	张思之 著	孙国栋 编
中西之交	陈乐民 著	
律师与法治	江 平 著	孙国栋 编
经济学常识	吴敬琏 著	马国川 编
中国化学史稿	张子高 著	
中国机械工程发明史	刘仙洲 著	
天道与人文	竺可桢 著	施爱东 编
中国医学史略	范行准 著	
优选法与统筹法平话	华罗庚 著	
数学知识竞赛五讲	华罗庚 著	
中国历史上的科学发明（插图本）	钱伟长 著	

出版说明

"大家小书"多是一代大家的经典著作,在还属于手抄的著述年代里,每个字都是经过作者精琢细磨之后所拣选的。为尊重作者写作习惯和遣词风格、尊重语言文字自身发展流变的规律,为读者提供一个可靠的版本,"大家小书"对于已经经典化的作品不进行现代汉语的规范化处理。

提请读者特别注意。

文津出版社